摩登・上海・新感覺

——劉吶鷗（1905-1940）

許秦蓁 著

前言

劉吶鷗小傳

一、日籍台人在上海

劉吶鷗是日據時期少數以優渥的經濟條件赴上海築夢的台灣青年，生於1905年9月22日，卒於1940年9月3日，一生雖然僅有短暫的三十五年歲月，但由於特殊的家世背景與經歷，使他受到多元的文化薰陶與現代洗禮，並擁有得天獨厚的教育環境與學習機會，在兩岸的文學史及電影史上，他是一個特殊且珍貴的個案，在劉吶鷗的人生舞台上，更是因為語言、文學及藝術各領域方面的特殊才華，加上他國際化、摩登且前衛的思維與性格，才能在二、三〇年代百家爭鳴／眾聲喧嘩的上海文壇、影壇中發光發熱。

劉吶鷗個案的意義與獨特性，在於他是日據時期赴彼岸從事多元文化產業的第一人，他的藝文領域與經營事業包括：

第一，他是日據時期在上海發展藝文事業的文化台商，曾經發行雜誌、開過書店／出版社、出資籌辦電影公司、購置不動產；

第二，他翻譯日文小說、新詩，同時也創作中文

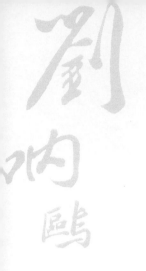

小說，出版個人小說集，是現代文學作家；

第三，他翻譯藝術理論與電影理論，同時也寫影評，可說是專業影評人；

第四，他參與電影製作，除了擔任編劇，同時寫劇本，並手持攝影機拍攝影片、擔任導演，是電影工作者；

第五，他接手汪精衛政府機關報紙《國民新聞》，並擔任社長，是一位報人。

此外，房地產購置也是劉吶鷗在上海的重要投資，從他過世之後，妻子黃素貞為了處理他的遺產而滯留上海近兩年的現象看來，劉吶鷗必定有龐大的產業在上海，對照今日台商在上海投資的熱絡現象，劉吶鷗可說是走在時代尖端的先驅，堪稱為戰前少數以文化產業活躍於上海的台灣人。

劉吶鷗最初先在上海文壇上闖蕩，從翻譯日本文學、文藝理論、電影理論，到從事中文小說創作，進而開辦書店、發行藝文刊物，之後轉入電影界，從寫影評到實際參與電影的拍攝、

在劉吶鷗的相簿裡中，這張照片是最年輕的一張，可能是在鹽水國小畢業時所拍攝的。

編劇、導演工作，甚至是籌組電影公司，因此台灣資深影評人黃仁先生也曾以劉吶鷗走紅中國大陸影壇為根據，讚譽他是「文壇影壇奇才」。

　　遊走於台灣、日本與中國的劉吶鷗，因西元1895年中日雙方簽訂的一紙馬關條約，在出生的那一刻起，便注定了他與龐大的柳營劉氏家族成員及眾多台灣人民一樣，必須由「渡海移民」變成「日本殖民」，也因為台灣命運的急速轉航，致使他個人生命史的發展，與當時台灣政經的發展、殖民政策及文化變遷之間息息相關，換言之，在西元1895年到1945年間的台灣，由於可高度獲利的農業與物產，便促成了所謂「日籍台人」的複雜國籍，換句話說，當時台灣人無論是出國旅遊或留學，皆需手持「日本護照」才能前往世界各地。

　　日人來台之初，曾給予台灣人民2年的緩衝時間作為國籍選擇與去留的抉擇，不願意受日人統治的台灣人可以內渡到中國大陸，一般市井小民並沒有選擇去留的籌碼，僅能被動的留在台灣當「本島」人民，通常是望族、仕紳與富豪才有足夠的經濟條件內渡到中國大陸，當時柳營劉家為地方上的望族，且有豐厚的財力，但在改朝換代那兩年間卻全數選擇留下，對殖民政府而言，這便是支持新政權的表現。

　　1905年，劉吶鷗在台南柳營出生那一年，日人統治台灣已進入第十年，日軍也已平靜征服台南，以殖民母國身份進軍台灣的戰線已告一個段落，日方接手台灣的工作至此大致完成。另一方面，在第四任總督兒玉源太郎與文職幕僚長後藤新平的殖民政策下，台南已呈現穩定的經濟結構，柳營劉家也徹底由明鄭時期的移民型態轉型為結構穩定的閩台家族，即使日方徵收了一部份的土地，然而在柳營劉家選擇

根留台灣的情況下，亦能保有龐大的產業與先人開發的土地，這是劉吶鷗家族與親族雖遇上政權轉移，卻能保持先天經濟條件優渥的主要原因。

1926年3月，劉吶鷗自東京青山學院高等學部「英文學專攻」畢業，他來到上海插班進入震旦大學法文特別班，當時劉吶鷗已經有些台灣親友或因就學或因工作而旅居上海，再加他前往法國留學的計畫並沒有被母親接受，因此間接促使他來到東方的巴黎——上海，也注定了劉吶鷗自1926年到1940年的14年間，與這個城市之間的難解難分。

1998年3月，在愚園路施家，筆者請施蟄存先生（1905-2003）談談劉吶鷗的個性，一開始他覺得這個話題很難下個定論，後來，忽然靈光一現的說：「他三分之一是上海人，三分之一台灣人，三分之一日本人，因為他的文化經驗就是這三條路，環境有關係的。」事實上，不同的文化經驗及環境背景，對劉吶鷗而言的確有著關鍵性的影響，這部分可以從他1927年日記的書寫模式作為對照，他在書寫日記時夾雜著閩南語、中文、英文、法文及日文等各種混雜的文字語言，也表示他內心中有著越界的文化／心靈版圖。

在兩岸文學史與電影史上，劉吶鷗一向不曾被歸類於主流，其生平事蹟往往被忽略，或者只是一筆帶過，甚至以「自小在日本生長」、「慶應大學畢業」或「母親是日本人」的錯誤訊息來描述他更複雜的「日籍台人」背景，有關他的創作，更是在技巧與內容上同時被低度評價，更遑論史家會客觀評論他在文學及影壇上的地位。

1940年9月3日午后，劉吶鷗在福州路慘遭歹徒槍擊斃命，以「漢

奸論」為他定罪，是當時上海友人與台南親族的普遍共識，上海友人積極寫文章撇清與劉吶鷗的關係，柳營劉家低調的將劉明電、劉吶鷗兩位事蹟敏感的後代視為消音的話題，新營左鄰右舍更是避談劉吶鷗之死，劉吶鷗的孩子更不可以向祖母問自己父親去了哪裡？有關劉吶鷗在上海的一切瞬間畫下句號，沒有人再提起，更不會有人再問起……

　　五年後，日本人因戰敗離開了上海與台灣，國民黨接收了台灣；九年後，國共正式分道揚鑣，國民黨撤退來台，日據時期台灣菁英也紛紛經歷了文化衝突、二二八事件、白色恐怖，至於劉吶鷗的親友們，在台灣解嚴之前，有些人遇難，有些人低調度日、有些人當了官，另一方面，在彼岸重寫中國現代文學史的呼聲響起之前，劉吶鷗之名的確是消失的一頁。

　　幸而經過半個世紀的銷聲匿跡，在台灣文學場域重新被定位的劉吶鷗，成為日據時期台灣文學作家的另類個案：

　　1999年，屬於劉吶鷗個人傳記研究的第一本學術論文完成，初步釐清其個人檔案與基本資料的錯誤；

　　2001年，台南縣文化局以出版《劉吶鷗全集》方式，迎接其返鄉；

　　2002年，由國立文化資產保存研究中心籌備處所舉辦的「百年台灣文學No1特展」，以「第一位對三〇年代上海文壇最有影響力的台灣作家」稱呼他，肯定他在兩岸文壇上的地位；

　　2005年9月，「劉吶鷗國際研討會」在台南國家文學館舉行，讓人不禁想起，就在一百年前的九月，劉吶鷗正是出生在這溫暖的南台灣。

劉吶鷗（後排左一著西裝者）此時就讀於台南長榮中學，高領西服也是長榮中學當時的制服。

1921年2月11日，青山學院華台會創立攝影留念，劉吶鷗（第二排左一）此時正在念青山學院中等學部，台灣友人林澄藻（1899-1973，第一排左三）當時也在青山學院就學，此外，台南蔡得一牧師（1870-1961）的三個兒子：蔡愛仁（1901-？）、蔡愛義（1903-？）、蔡愛禮（1905-？）也在長榮中學畢業後轉入青山學院，應該也在這群「華台會」成員之中。

二、大事記／藝文繫年

1905年9月22日，劉吶鷗出生於臺灣臺南州新營郡柳營庄（原查畝營），取名劉燦波。他的父親劉永耀，是柳營劉家第九世後人，母親陳恨是台南縣東山鄉人，柳營劉家為當地望族，擁有六百餘甲田地。進入文壇時所使用筆名包括：吶吶鷗、莫美、葛莫美、夢舟、洛生、白璧等。

1908年，父劉永耀舉家遷居新營，興建明治時期仿文藝復興八角樓，當地人該洋樓為稱「耀舍娘宅」。

1912年，劉吶鷗進入台南鹽水港公學校（台南鹽水國小前身）就讀。

1918年，劉吶鷗自台南鹽水港公學校畢業，進入學臺南長老教中學校（長榮中學前身）就讀中學。

1920年4月，由臺南長老教中學校修業兩年，插班並轉入日本東京青山學院中等學部三年級，在舊學籍資料上記載的「退學理由」是「內地轉出」，「內地」便是指日本。

　　1922年，10月16日，劉吶鷗與表姊黃素貞結婚，黃素貞為嘉義水上鄉柳仔林人，黃素貞的母陳民（排行第三）和劉吶鷗的母親陳恨（排行第六）是親姊妹。

　　1923年4月，劉吶鷗從日本青山學院「中等學部」畢業，進入青山學院「高等部」文科的「英文專攻」繼續就讀，根據青山學院「高等學部生徒學籍錄」，所住地址原為「市內赤阪區青山高樹町二〇原方」，後改為「千谷隱田四〇」。9月1日，發生關東大地震，青山學院校舍毀壞，被迫停課。

　　1926年3月13日，劉吶鷗自青山學院高等學部畢業。5月20日劉吶鷗長女劉柏萃出生，於7月2日死亡。自青山學院畢業後，劉吶鷗赴上海插班讀震旦大學法文特別班就讀，認識了詩人戴望舒（確定月份未知）。

　　由於劉吶鷗留下完整的1927年日記，因此本年度對於劉吶鷗行蹤可以更清楚的掌握，相關事蹟分述如下：

黃素貞（1904—？），嘉義水上鄉人，是年長劉吶鷗一歲的親表姊。

因為地震迫使部分校舍重建，最原始的青山學院大門招牌，已經放進青山學院校史館。

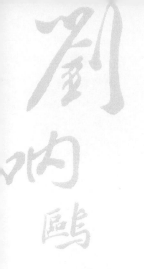

劉吶鷗正是1926年「青山學院第43回卒業式」的畢業生之一。「劉燦波」的名字在「英文學專攻」的畢業生名單中。

1927年1月4日，劉吶鷗到上海天文台路施蟄存住處，與戴望舒和施蟄存討論要一起創辦尋刊和書社的事情，這是劉吶鷗第一筆跟文壇有關的紀錄。

1月18日，戴望舒和施蟄存來探訪劉吶鷗，繼續談旬刊的事情。

1月19日，劉吶鷗飯後再去天文台路找他們時，經過討論之後，決定要將他們的同人雜誌取名《近代心》（不過這刊物並沒有出版）。

由於台灣友人蔡愛禮和蔡蕙馨替劉吶鷗取了筆名「吶吶鷗」，因此在4月8日那天，劉吶鷗出門時特別印了屬名「吶吶鷗」的個人名片。

4月12日，國共合作破裂，發生四一二政變。劉吶鷗亦因祖母病危趕回台灣，回程路線為：上海搭船→4月13日抵長崎→4月17日在基隆港上岸→4月18日抵達新營，當時祖母已過世。

9月8日，搭船經由神戶、長崎，9月10日抵達上海，暫居東亞旅館，並寫信到松江聯繫施蟄存。

9月18日，經由施蟄存的介紹，認

識文友葉秋原。

9月28日，與戴望舒一起自上海出發前往北京，搭太沽「阜生」號前往威海衛，10月2日抵達北京，參觀中法堂、隆福寺、北海公園、雍和宮、中央公園、琉璃廠、故宮等。在北京期間也去旁聽中法大的法文和拉丁文課。在北京期間，劉吶鷗認識了孫春霆（曉村）、馮雪峰、丁玲及胡也頻。

12月3日與戴望舒搭九點一刻的「津浦線」由北京返上海，馮雪峰、孫春霆來送行。12月4日「膠濟線」車抵達青島，12月5日搭船前往上海，12月6日抵達上海。

12月31日，在林肯坊29號黃朝琴家開「芋泥會」，會員包括講廈門話的知友：嘉蕙、李道南、林百奏、青風，晚上六、七人一起到Del monte舞廳跳舞，送走一年的最後一刻，之後還到黑貓、三民宮、Lodge狂歡到天亮。

1928年，劉吶鷗次女劉頻娛出生。「水沫社」成立，該社成員包括：劉吶鷗、施蟄存、戴望舒、杜衡、馮雪峰、姚蓬子、徐霞村、孫春霆、黃嘉謨、郭建英等。

◆ 自夏天起，便與施蟄存等人於上海創辦「第一線書店」，劉吶鷗為書店負責人兼會計，書店位於上海北四川路寶興路142號，9月10日出版發行《無軌列車》半月刊第一期，出刊至12月25日第八期時，因書店被查封而停刊。編輯群包括：劉吶鷗、戴望舒、施蟄存。

◆ 9月份，以筆名「吶吶鷗」翻譯的日本小說集《色情文化》由上海第一線書店出版。9月10日，小說〈遊戲〉發表於《無軌列車》創刊號。9月25日，小說〈風景〉發表於《無軌列車》第二期。

- 10月25日，發表譯作〈保爾·穆杭論〉（原作者：B. Cremieux），發表電影評論「影戲漫想」（筆名葛莫美、夢舟），發表藝文訊息〈列車餐室〉（二則）於《無軌列車》第四期。

- 11月10日，發表譯作〈生活騰貴〉（原作者：Pierre Valdagne），發表電影評論「影戲漫想」（筆名葛莫美），發表〈影戲漫想（關於電影演員）〉於《無軌列車》第五期。11月25日，發表〈關於電影演員〉「影戲漫想」專欄（筆名夢舟），於《無軌列車》第六期。

- 12月10日，發表譯作〈一個經驗〉（原作者：片岡鐵兵），於《無軌列車》第七期。

- 12月10日，發表小說〈流〉，於《無軌列車》第七期。
  1929年，1月，於《人間》雜誌創刊號上發表日文翻譯小說〈我的朋友〉。

- 5月15日，發表譯作〈歐洲新文學底路〉（匈牙利，碼差原作）於《引擎》月刊創刊號，該刊物由左翼作家主持。

- 在上海與施蟄存等人創辦「水沫書店」，劉吶鷗為負責人，門市部位於四馬路望平街東，雜誌部位於北四川路公益坊1734號，前半年由劉吶鷗與戴望舒擔任編輯，暑假過後，施蟄存自杭州返回上海，與杜衡一起加入編輯群。

- 9月15日，水沫書店雜誌部發行《新文藝》月刊創刊號，每月十五日發行，直到第二卷第二號（1930年4月15日）廢刊，第一卷出六期，編者署名「新文藝月刊社」，第二卷出兩期，改署名為「現代文化社」，編輯群包括：劉吶鷗、施蟄存、戴望舒、徐霞

村、孫春霆，由施蟄存主編。小説〈禮儀和衛生〉發表於《新文藝》創刊號。

◆ 10月，劉吶鷗攜妻子黃素貞至松江參加施蟄存婚禮，參加此婚禮之藝文人士，還包括：馮雪峰、戴望舒、杜衡、沈從文、胡也頻、丁玲、姚蓬子、葉聖陶、徐霞村等人。10月15日，小説〈殘留〉發表於《新文藝》第一卷第二號。

◆ 12月1日，小説〈熱情之骨〉發表於徐霞村主編的《鎔爐》月刊創刊號，上海復旦書店發行，該雜誌僅出一期。12月15日，小説〈方程式〉發表於《新文藝》第一卷第四號。譯作〈新藝術形式的探求〉（筆名葛莫美），原著藏原惟人、〈掘口大學詩抄〉發表於《新文藝》第一卷第四號。

1930年，劉吶鷗長子劉江懷出生。

◆ 2月，孫曉村進入水沫書店，加入編輯群行列。

◆ 3月15日，譯作〈藝術之社會的意義〉發表於《新文藝》第二卷第一號。

◆ 4月15日，譯作〈藝術風格之社會學的實際〉、〈國際無產階級不要忘掉自己的詩人〉、〈革命文學國際委員會關於馬雅珂夫斯基之死的宣言〉、〈關於馬雅珂夫斯基之死的幾行記錄〉、〈論馬雅珂夫斯基〉、〈詩人與階級〉發表於《新文藝》第二卷第二號。月底，小説集《都市風景線》由上海水沫書店出版。

◆ 7月，譯作〈俄法的影戲理論〉發表於《電影》第一期（再版）。（完成於1930年1月16日）

◆ 10月，譯作《藝術社會學》（原著：俄‧弗里契）由水沫書店出版。

1931年，劉吶鷗次子劉航詩出生。劉吶鷗遷居法租界並轉向電影業。

1932年，「藝聯影業公司」（簡稱藝聯）由黃天始與黃漪磋合組，至廣西實地拍攝「猺山豔史」，劉吶鷗亦參與此行。

◆ 1月28日，爆發松滬戰爭，水沫書店亦毀於一二八戰火，劉吶鷗暫時遠去日本，可能去了幾個月。

◆ 7月1日至10月8日止，評論〈影片藝術論〉連載於《電影周報》。

◆ 8月1日，發表翻譯〈日本新詩人詩抄〉於《現代》第一卷第四期。

◆ 10月8日，戴望舒計畫前往法國，與施蟄存等人一同至碼頭送行。

◆ 11月，發表小說〈赤道下：給已在赴法途中的詩人戴望舒〉於《現代》第二卷第一期（完成於1932年10月17日）。

1933年，劉吶鷗三女劉玉都出生。在上海北京路六十四號創辦「現代電影雜誌社」。

◆ 3月1日，《現代電影》（Modern Screen）創刊號出版，編輯群包括劉吶鷗、黃嘉謨、陳炳洪、吳雲夢、黃天始、宗惟賡六人。

◆ 4月1日，發表評論〈Ecranesque〉於《現代電影》第一卷第二期。

◆ 5月1日，發表評論〈中國電影描寫的深度問題〉、〈歐洲名片解說〉於《現代電影》第一卷第三期。

◆ 7月1日，發表評論〈論取材：我們需要純粹電影作者〉於《現代電影》第一卷第四期（完成於1933年4月26日）。

◆ 9月1日，「藝聯」作品「猺山豔史」於上海新光戲院開映。

◆ 10月1日，發表評論〈關於作者的問題〉於《現代電影》第一卷第五期。「藝聯」於《現代電影》第一卷第五期打出「藝聯三部曲：黑將軍、猺山豔史、桂遊半月」將於「首都大戲院」放映的廣告。翻譯小說〈復暝〉（原作者：日‧齋藤杜口）發表於《矛盾》革新號二卷二期。劉吶鷗擔任「矛盾叢輯」主編，《矛盾》月刊的廣告上，刊有《劉吶鷗小說集》出版預告（但該書並未出版）。

◆ 11月1日，劉吶鷗電影評論〈評春蠶〉一文發表於《矛盾》月刊第二卷第三期。

◆ 12月1日，發表評論〈電影節奏簡論〉於《現代電影》第一卷第六期。《現代電影》第一卷第六期「編輯室」專欄提到今年7月至10月，劉吶鷗先往返於閩滬之間，11月又與黃嘉謨動身至廣州，率領「藝聯」影業公司滬粵二地的男女演員拍攝新片「民族兒女」，編導工作由二人負責，此片為「藝聯」黃漪磋和聯合電影公司（英籍廣東人羅學典所創辦）合作拍攝之作品，劉吶鷗與黃嘉謨合力負責編劇及導演工作，但此片最後未上映。

1934年，5月，電影評論〈電影形式美的探求〉發表於《萬象》月刊創刊號。

◆ 6月1日，發表劇本〈A Lady to Keep You Company〉於《文藝風景》創刊號。6月8日，發表〈現代表情美造型〉於《婦人畫報》第十八期。6月15日，發表〈開麥拉機構──位置角度機能論〉、〈作品狂想錄〉於《現代電影》第一卷第七期。

◆ 10月10日，發表評論〈銀幕上的景色與詩料〉於《文藝畫報》

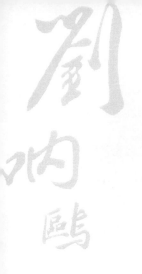

第一卷第一期。10月25日，發表小説〈綿被〉於《婦人畫報》第二十三期。

◆ 11月1日，發表翻譯〈青色睡衣的故事〉（原作：日本·舟橋聖一）於《現代》第六卷第一期。

◆ 12月15日，發表小説〈殺人未遂〉於《文藝畫報》第一卷第二期，作品完成於1933年11月4日，此為劉吶鷗生平所寫的最後一篇小説。

1935年，先前已有一群文友住在劉吶鷗上海江灣路公園坊的產業裡，有人甚至稱呼「公園坊」為「作家坊」。住在此處的文人，包括：葉靈鳳（及其妻子趙克臻）、穆時英（一家人）、杜衡、高明、楊邨人等，是年夏天，戴望舒自法國返回上海，亦住進上海江灣公園坊。

葉靈鳳（左一）、劉吶鷗（左二）此時均同住在上海江灣路公園坊裡。

◆ 2月15日，《六藝》文藝月刊創刊，由高明、姚蘇鳳、葉靈鳳、穆時英、劉吶鷗合編，姚蘇鳳任發行人，共出了三期，發行者「六

藝社」的社址則是劉吶鷗自宅：上
海江灣路公園坊20號。翻譯劇本
〈墨西哥萬歲〉（原作者：愛森斯
坦）刊登於《六藝》創刊號到、第
二期（3月15日）、第三期（4月15
日），但劇本未完，《六藝》已經
於第三期時停刊。

◆ 5月起，劉吶鷗翻譯電影理論家
「安海姆」原著《藝術電影論》於
姚蘇鳳主編、穆時英助編的《晨
報·每日電影》，連載約三個月。

◆ 8月25日，發表〈導演踐踏了中國
電影〉於《婦人畫報》「電影特
大號：中國電影當面的諸問題」
專輯。由劉吶鷗、葉靈鳳、穆時
英、高明、姚蘇鳳五人共同參與的
〈《自由神》座談〉，亦刊載於
《晨報·每日電影》上。

◆ 10月10日，譯作〈西條八十詩
抄〉發表於戴望舒主編《現代詩
風》（此為創刊號，也是終刊號）。

◆ 11月23日，女星胡蝶與潘有聲於
上海結婚，禮堂設於九江路江西

《六藝》文藝茶話圖，前方手上拿書者為
葉靈鳳、前排右一是劉吶鷗。

路口，席設南京路英華街大禮拜堂，上午十一時舉行結婚典禮，下午七時東酒樓設宴。劉吶鷗、黃天始與程步高、徐欣夫、李萍倩、吳村、沈西苓、鄭小秋、歐陽予倩等編劇導演群，合送「蝴蝶標本」及「金魚」做為胡蝶結婚賀禮，黎民偉之子黎鏗為男花童。

◆ 與黃天始等人進入明星公司編劇科，完成劇本《永遠的微笑》，該片是根據俄國托爾斯泰的名著《復活》改編而成的，由吳村導演，董克毅負責攝影，劉吶鷗為編劇，演員包括：胡蝶、龔稼農、徐莘園、龔秋霞等，為黑白劇情片。

1936年，劉吶鷗四女劉玉城出生於江灣路公園坊20號。

◆ 6月，戴望舒與穆時英妹妹穆麗娟結婚。劉吶鷗在黃天始、黃天佐兄弟推薦並保證下進入「中央電影攝影場」（簡稱中電）。劉吶鷗進入「中電」的主要工作為拍攝張道藩原著《密電碼》，該片之掛名導演為黃天佐，實際上劉吶鷗也參與編寫分幕劇本與聯合導演，張道藩掛名編劇，攝影洪偉烈，主要演員包括：黎鏗、李英、朱麗葉、高占非、尚冠武等人。

◆ 8月，劉吶鷗舉家遷往南京，赴南京「中央電影攝影場」擔任「電影編導委員會」主任及編劇組組長。

◆ 劉吶鷗進入「藝華影片公司」編導影片《初戀》，《初戀》由劉吶鷗導演、編劇，姚士泉攝影，演員包括：張翠紅、關宏達、李紅、徐蘇靈，為黑白劇情片，該片主題曲〈初戀女〉由戴望舒填詞，陳歌辛譜曲，由王人美演唱。

1937年，是劉吶鷗在中國影壇上最發光的一年。

◆ 1月，電影《永遠的微笑》（明星公司出品，吳村導演）於新中央、中央、新光三家戲院同時上映，創下二十五年度最高票房紀錄。

◆ 2月，《密電碼》（中電）完成，4月中旬於上海大光明戲院首映，新光戲院二輪放映。

◆ 8月9日，辭去「中電」電影編導委員會主任及編劇組組長一職，自南京啟程回到上海。

◆ 為「中央電影事業處」擬定「國家非常時期電影事業計畫」。

◆ 影片《初戀》上映。

1938年，劉吶鷗三子劉漢中出生於靜安寺路安樂坊76號。

◆ 1月29日，參加在武漢舉辦的「中華全國電影界抗敵協會」，並成為該會理事之一（共71位理事）。

◆ 劉吶鷗與日本「東寶映畫株式會社」合作，以原先經營「友聯影片公司」的沈天蔭為名，由「東寶」出資六萬日元，創立上海「光明影業公司」。協助「中日」合併電影公司，負責召集留在「孤島」上海的電影界人士，包括金焰、黃天佐等人。

1939年，由於與日方接洽電影事宜，劉吶鷗的台灣身份已漸漸曝光。

6月27日，由「滿映」出面，聯合日本「東寶映畫株式會社」、南京維新政府共同投資，在南京創辦「中華電影股份有限公司」（簡稱「中影」），此為日本佔領軍控制下的一個電影製片、發行、放映的機構，總公司設於上海江西路170號漢彌爾登大廈，在南京、廣州、漢口、東京均設有分公司。

◆ 6月，劉吶鷗與松崎啟次、黃天始、黃天佐兄弟一起迎接川喜多

長政來到上海，與黃氏兄弟一起加入「中影」。

1940年，劉吶鷗家人，包括妻黃素貞，偕子女劉航詩、劉玉都、劉玉城及劉漢中居住於上海定盤路156弄5號。

◆ 4月份，日本作家菊池寬赴上海，劉吶鷗開著私家轎車迎接其到來，並於當晚招待菊池寬，為他接風（根據菊池寬《昭和十五年‧話の屑籠》）。

◆ 6月，劉吶鷗資助李香蘭主演的〈支那の夜〉（在上海以〈上海之夜〉為名上映，戰後改名為〈蘇州夜曲〉），該片由「東宝映画（東京撮影所）」、「中華電影公司」合作製作，〈支那の夜〉（75分）前篇於6月5日上映，〈支那の夜〉（53分）後篇於6月15日上映。

◆ 6月28日，穆時英離開國民新聞社，於下午六時四十分左右，乘坐人力車欲赴南京路，經三馬路福建路（福建路195弄）附近遭開槍行刺，送至麥家圈仁濟醫院後不治身亡。

◆ 8月初，經由胡蘭成推介（翁靈文說法），劉吶鷗接任「國民新聞社」社長職位。

◆ 9月3日，劉吶鷗下午約二時十分左右，於公共租界（福州路平望街口）福州路623號「京華酒家」遭狙擊，送往仁濟醫院途中不治身亡。

◆ 9月4日，《國民新聞》文藝版〈六藝〉（第三版），於空白專欄僅寫「本版沈痛紀念文化界導師劉吶鷗先生」。9月6日，劉吶鷗母親陳恨抵滬辦理劉吶鷗後事。9月9日下午三時，於膠州路207號上海萬國殯儀館舉行公祭典禮。

◆ 11月7日，日本東京青山學院之
《青山學報》第67號第9版，刊出
劉吶鷗於上海被狙擊逝世之消息。

前兩年，當筆者自青山學院取得
這份報紙影本時，感到意外的是，一個
畢業生的死訊，竟會刊登在母校的校刊
上，這是不是也呼應了施蟄存所言，劉
吶鷗的日本關係非常好，根本不必透過
胡蘭成，便可以直接與日方聯繫的間接
證據呢？再者，劉吶鷗死後，日籍友人
松崎啟次也在《上海人文記》中特別記
錄了劉吶鷗被狙擊的前後過程，介紹劉
吶鷗為人生平以及他們之間的互動，以
追思這位「日籍台人」在上海的電影事
業，也是另一個蛛絲馬跡。

內容中文翻譯如下：
「劉吶鷗先生之死」——劉燦波先生於大
正12年在青山學院中學部文科主修英文
學，至大正15年畢業後，在上海過著作家
生活。後轉向電影界，發揮其獨特的本
事，最近就任上海國民新聞社長，正活躍
中。9月3日在上海共同租界四馬路，被二
個中國人狙擊命亡。新聞界、電影界對劉
燦波先生的才幹本寄予期望，各界都同感
惋惜。【袁紹宗翻譯】

目錄

劉吶鷗小傳..iii

　一、日籍台人在上海..............................iii

　二、大事記／藝文繫年..........................viii

摩登・無國籍且跨國界
　　―台南・東京・上海........................1

　一、望族且名門――南瀛第一世家............1

　二、東京留學生――青山學院英文科........10

　三、御用文人／親日漢奸？――上海之死..15

上海・由文而商
　　――多元・跨幅的藝文版圖................47

　一、與上海文藝青年相見歡....................47

　二、新感覺派第二代................................52

　三、先翻譯後寫作....................................58

　四、雜誌編輯／藝文事業........................61

　五、純粹電影作者――心靈坐著沙發椅....68

新感覺・探索「劉燦波」........................91

　一、新文藝日記・1927............................91

　二、交友與交遊..95

　三、去留之間――台南？東京？上海？...117

　四、上海1940、新營1943
　　　　――菊池寬與李香蘭....................124

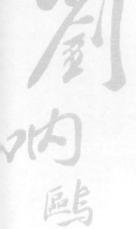

五、小說補遺—〈綿被〉 133

後記 十年劉吶鷗（1997-2007）
　　—以及，紀錄相關的人事物 139

劉吶鷗年表 159

摩登・無國籍且跨國界
——台南・東京・上海

一、望族且名門——南瀛第一世家

劉吶鷗出生於台灣台南州新營郡查畝營（今柳營鄉），「查畝營」的命名，源於明鄭時期在此設置查測田畝的軍營而得名，「查畝營」之名沿用至民國九年（大正九年），至此行地方制度，大舉更改地名，因本地居民以「劉」姓居多，而「劉」字之日語發音與「柳」同音，乃改名為「柳營鄉」，一直沿用至今。

◆柳營劉家人：

柳營劉家大宅院位於「士林村四十四號」，該宅院興建於清同治九年（西元1870年），柳營劉家為當地望族，由於經濟條件優越，劉家子弟多半有能力讀書求取科舉功名，就賴子清《南縣科甲縉紳錄及科舉詩文集》所錄，在清朝便出現了3位舉人與5位秀才，奠定了劉家在地方上的龍頭地位，因此《台南縣誌》將柳營劉家譽為「南瀛第一世家」。

根據「祭祀公業劉全派下系統」的記載得知，知名畫家劉啟祥（1910－1998），組織文化協會並參與抗日活動的劉明朝（1895－1985），以及攻讀馬克思主義的留德博士劉明電（1901－1978）、參與台灣地方自治的劉明哲（1892－1955），皆與劉吶鷗同樣來自於這龐大的柳營望族。

關於柳營劉家在台灣的移民發展拓殖史，我們可以透過《臺灣通史》、《南瀛文獻》及相關地方史料找到一些蛛絲馬跡，劉家祖先渡海來台比較清楚的過程，可參考《臺南縣志》中〈劉日純列傳〉的記載：柳營劉家的開基祖先劉求成（屬第二世，又作求誠或球成），其父劉茂燕（1617－1649，字明秀）曾跟隨著鄭成功北伐，因屢立功績而受到鄭成功的重用，卻於南京之役中因公殉職，當時劉茂燕年僅三十二歲，鄭成功為了撫卹劉茂燕的遺孀蔡氏與幼子劉求成，便安排其後代從原居地「福建漳州府平和縣新安里上河社大埤鄉」渡海來到南台灣發展，劉求成隨即奉母之命來

柳營劉家古厝，興建於清同治9年（西元1870年），原屬「大厝九包五，三落百二門」格局，目前僅存四合院結構，佔地八百坪，建材和工匠均由大陸船運而來。（照片由Adama提供）

到台灣開墾，一直到鄭成功降清後，劉家已陸續進行開墾「查畝營」（即柳營鄉）的工作，在此數年間，劉家已經開闢田畝數百甲，自劉茂燕以來，劉家後代十餘世，來台發展也已經有三百多年的歷史，再加上家族之中不乏有傑出的佼佼者，因此被認為是南台地區名符其實的「第一世家」。

另，根據劉秋峰手寫的《柳營劉家傳記》所記載，劉求成最初以軍眷身份隨鄭成功來台並安頓在台南府城內，後來移居麻豆從事墾殖謀生，由於當時於麻豆地區墾殖情況不佳，再加上其母蔡氏病逝，劉求成便遷居到「查畝營」（時間約為西元一六七四年），也因為「查畝營」地廣人稀，且適於墾耕的特質，到了晚年，劉求成已收買了數十甲的田產，並育有「漢、旭、垂」三子，此為劉家第三世，劉氏族人稱之為「頂三房」。

在「頂三房」中，以長子劉漢（1680－1754）的後代子孫人數最多，不過，真正使劉家產業旺盛，且才人輩出的後代，則是第二房劉旭（1682－1758）的子孫，劉旭（1682－1758），曾任宣威將軍，育有「福、祿、麟」三子，劉氏族人稱之為「下三房」，其中第三房劉麟（1733－1782）的次子劉全（1762－1829，字日純），則是將劉氏家族發揚光大的關鍵人物，身為劉家第五世的劉全，官任奉政大夫，由於從事製糖事業而成為「劉家第一人」，並在台南府城內開設糖行數間，以行號「劉得昌」營業，將自製糖與來自各地的批售糖運銷至大陸地區，也因此造就了「劉氏祭祀公業」的龐大家族成員系統。

劉全育有六子，家族稱其為「六房頭」，其排列順位為：「思推、思勳、思忠、思朝、思溫、思鑾」；其中劉思推（六世）之長

子劉拔元（七世）為嘉慶年間「武舉人」，而劉思勳（六世）之長子劉達元（七世），於咸豐壬子年（1852）中文舉，劉澧芷（八世）為光緒十五年（1889）文舉人，為感念家族重要事蹟，西元1890年，於劉家大公館前廣場以「揭旗祭祖」儀式豎起兩舉竿，並於正廳門楣上懸掛「文魁」匾額，當地人亦稱劉家古厝為「舉人宅」。

　　一直以來，柳營劉家遵循著一般傳宗接代的傳統，若是家中無男丁，則由其兄弟出嗣其中一個兒子以繼承另一房的香火，因此原本是親兄弟，往往變成堂兄弟的關係，像劉明朝、劉明電兄弟便因為這樣的因素而成為堂兄弟。

　　第九世的劉明朝、劉明電同為劉神嶽之子，不過劉神嶽將自己的長子劉明朝出嗣給劉政元的長子劉滄江，至於劉神嶽本身，也是劉榮元出嗣給其長兄劉拔元的養子，根據《鹽水鎮志》所記載，劉神嶽於清光緒九年（1883年）及第府試，列名縣學秀才，日據時期曾任六甲併鹽水港辦務署、鹽水港廳並嘉義

柳營劉家公館之「文魁」，是由咸豐兵部侍郎兼福建巡王得祿所頒賜。（照片由Adama提供）

廳各參事,又協助鹽水港製糖合股公司創立。

至於屬於二房頭、排名劉家第十世的劉吶鷗,是劉永耀的長子,劉吶鷗還有一個弟弟劉櫻津(1909－1940),劉永耀是劉飛鵬的次子,劉飛鵬育有四子,分別是:永保、永耀、永貞、永德。

畫家劉啟祥在柳營劉家屬於第九世,他是劉焜煌(字德炎,當地人稱炎舍)的第四個兒子,根據《鹽水鎮志》所載,劉焜煌(1853－1914),於清光緒元年(1875年)及第府試,列名秀才,光緒七年(1882)考試中式補廩生,日明治三十一年(1898)受配紳章,曾任鹽水港第二十四區庄長、查畝營區庄長等職,劉啟祥的年紀雖小於劉吶鷗,不過在親族排行上卻長劉吶鷗一輩。

在劉吶鷗1927年日記載著:「阿啟和阿津來」(1927年5月28日)、「聽聽阿啟的曲片」(1927年5月30日),可知劉吶鷗停留在東京的短暫期間,也到青山學院找「阿啟」和「阿津」,「阿啟」指的即是劉啟祥,當時劉啟祥就讀

劉永耀屬柳營劉家二房頭、第九世,曾聘請日本建築師至新營興建洋樓,於劉吶鷗12歲時因肺結核病逝。

劉啟祥舊居,又稱為「頤樓」,位於柳營劉家古厝旁,是日據時期由劉啟祥父親劉焜煌所興建的洋樓建築,兩層樓高。(照片由Adama提供)

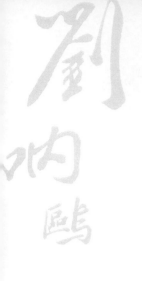

青山學院中學部四年級，正準備著隔年要報考大學的美術科，而「阿津」則是他的弟弟劉櫻津，1927年3月，劉櫻津已經從青山學院中學部畢業，已經是東京上智大學德國文學科的準新鮮人。

根據林育淳的《抒情、韻律、劉啟祥》，以及陳益裕《南瀛人物誌》得知，1923年，劉啟祥帶著一把心愛的小提琴，便跟同樣也愛好文藝的二姊夫陳端明到日本東京，9月份底達東京之後，在親友的安排下，進入一所教學開明自由的教會學校就讀，接受完善的近代文化啟蒙教育，這所開明自由的教會學校，指的就是學風開放的東京青山學院。

在青山學院中學部期間，這群來自柳營劉家的子弟，包括劉吶鷗、劉櫻津、劉啟祥等，皆受到當代日本文藝的感染與薰陶，並在課堂上接觸了夏目漱石、武者小路實篤等人的文學課程，漸漸的也同樣培養了喜愛閱讀、音樂、文藝的喜好。有關的傳記也提到，劉啟祥留日期間，常與同樣在日本求學的親人

畫家劉啟祥（1910—1998），屬於柳營劉家第九世後人，由於家族成員一向有赴日求學的風氣，因此劉啟祥於1923年赴日求學，先後就讀東京青山學院中學部與東京文化學院美術部。1932年亦隨畫家楊三郎（1907—1995）同赴法國學習美術，此為劉啟祥送給劉吶鷗珍藏的簽名照，收藏在劉吶鷗的相簿裡。

一同看畫展，而留法之後的劉啟祥，更
是在國際畫壇上享有盛譽，至於劉吶鷗
個人，則前往上海開展藝文事業，並在
小說創作技巧上更是勇於創新、嘗試。

此外，柳營劉家傑出的後代，
還有被譽抽象大師的劉生容（1928－
1985），劉生容雖沒有受過正規的美術
教育，但年少時曾隨叔父劉啟祥習畫，
在台灣唸完中學之後，便專職從事繪畫
工作，1961年開始於日本畫廊舉行個
展，同時也積極參與台灣的藝術活動，
加入「自由美術協會」，並積極推動中
日文化交流，曾多次代表參加國際性展
覽，目前在日本岡山還有「劉生容記念
館」（Liu Mifune Art Ensemble），持續
推廣音樂藝術活動，因此，柳營劉家人
對於文藝的喜好可見一斑。

劉櫻津（1909—1940），1925年
轉入東京青山學院，1927年4月—
1933年3月在東京上智大學念德國
文學科，1940年死於結核病。

◆遷居「新營洋樓」：

1908年，劉吶鷗的父親劉永耀決
定由柳營遷居新營，當時一同遷往新營
的家人，還包括劉吶鷗的母親陳恨、妹
妹劉瓊瑛（1907－1961）。其母陳恨出

身於臺南縣東山鄉，陳恨的父親在東山鄉當地也是有權勢的望族，其妹劉瓊瑛（1907－1961）、弟弟劉櫻津（1909－1940）與新營人沈乃霖（1908－）都是台南新營國小「第1屆」大正11年3月26日（1922年）的畢業生，劉瓊瑛1924年與台南東區開山里人葉廷珪結婚，葉廷珪曾赴日本就讀明治大學法學部、研究部，光復後曾三次當選臺南市長，因此劉吶鷗的弟弟劉櫻津與小妹劉瓊簫（1911－1914）都是遷居新營之後才出生的。

劉永耀聘請知名日本建築師動土興建具有「明治時期仿文藝復興」（mansard）風格建築，外觀輔以八角樓涼亭的「八角樓」，新營當地人稱之為「耀舍娘宅」，「耀舍娘」是當地對劉吶鷗母親陳恨的稱呼，這棟建築物是早期西洋樓的代表作。在《新營市志》記載著：「（耀舍娘宅）是當時新營地區人人稱羨的大宅第，耀舍娘後代子孫亦輩有人才出，大公子劉燦波留日返鄉為影視界前輩，知名女星李香蘭為其所

根據新營沈乃霖博士的口述，劉吶鷗之母陳恨來自東山望族陳家，沈乃霖先生的大姑嫁到東山陳家，所以稱其為「六姑」（他推測可能是陳家第六姑娘之意），劉永耀去世後，陳恨獨自掌管家中六百餘甲的田產。

提攜，曾專程前來參加其告別式。二公
子劉櫻津亦留日，研究德國文學，日語
文流利，有作品〈文學與現實生活〉一
文，曾刊登於新營公學校創立二十週年
紀念誌（民國廿年），劉家的洋房造型
獨領風騷數十年，可惜已夷為平地，後
人僅能透過老照片，遙想當年劉家宅院
的風光往事了！」

　　日人藤島亥治郎認為，從台灣本
身多樣貌、富生機的文化發展看來，其
建築系統以南洋系、中國系、西洋系三
種系統自古並存至今，而學者李乾朗也
認為日據五十年之間台灣在建築方面有
著多方面的發展，樣式上並存著閩南式
系統、日本式建築系統、西洋式建築系
統，而在技術上，廣泛使用鋼筋混凝
土，則取代了東方傳統木結構。根據建
材的使用與建築形式特色，李乾朗將日
據時期之建築分為五期，而新營「耀
舍娘宅」則屬於第二期（明治四十年—
大正六年，1907－1917）的西式建築，其
特色即為在形式上模仿文藝復興巴洛克
式，結構體多採用鋼筋混凝土所建造，

此為劉永耀於1908年由日本建築師設計的
洋樓，位於今日新營國小東側，當地人稱
為「耀舍娘宅」或新營「劉家公館」。在
當時是新營地區人人稱羨的豪門宅院，洋
房造型也顯示劉家雄厚的財力。

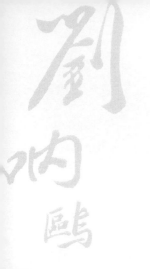

遷居新營的劉家當時所興建的「耀舍娘宅」在樓房建築上正好獨領風騷,蔚為風氣。

二、東京留學生
——青山學院英文科

劉櫻津拿小提琴,坐在鋼琴前。劉櫻津手上拿著小提琴,背後有一台鋼琴,拍攝地點是台南新營劉家自宅,雖然不知道劉吶鷗是否學過樂器,但可依此判斷在他成長過程當中,家中已有鋼琴與小提琴相伴。

劉航詩也擅長小提琴。

◆鹽水港公學校:

　　1912年,劉吶鷗進入臺南鹽水港公學校(臺南鹽水國小前身)就讀,正巧也是在那一年,政策上規定台灣公學校二年級以上的教學課程與溝通語言,僅能使用國語(即日語),這個政策的實施也奠定了劉吶鷗日後的日文基礎,當時的殖民政府採用新式的教育體系,在課程設計上,已擺脫台灣傳統書房的威脅,提供台灣學童更全面的學習內容,包括:體操、唱歌和美術等科目,或許這些多元的課程也間接促使劉啟祥提早接觸美術,使劉吶鷗更早接觸了音樂與藝術。1923年,劉啟祥帶著一把小提琴到東京去留學,事實上包括劉吶鷗的

親人，也多受音樂薰陶，像是劉吶鷗弟弟劉櫻津和他的第二個兒子劉航詩（1931－1955），都留下了和小提琴的合照。

◆長老教中學校：

在當時台灣高等教育體系尚未完備、台灣升學機會又偏少的情況之下，完成公學校的教育，為了選擇更好的教育環境，劉吶鷗進入台南「長老教中學校」（今長榮中學前身），該校成立於1885年，算是西式學校引進台灣的先驅之一。

台灣的基督教開始於荷蘭人據台，荷蘭人引進西方基督教，目的是希望傳教士透過佈教方式以文化來馴化台灣原住民，不過，在明鄭時期基督教被禁，傳教士被全數遂出，直到清末，由於兩次英法聯軍之役，簽訂天津、北京條約，才又允許外國人傳教，1865年，英國長老教會與西班牙傳教士賽恩思博正式在南臺灣宣教，1872年，加拿大的馬偕博士在北臺灣開始佈教，為了培育傳教人才，設置有教會小學、中學和神學院，其中北部長老教會的理學堂大書院（今淡江中學前身）成立於1882年，1919年4月新教育法令公布之前，除了醫學專門學校和師範學校之外，只有台南的長老教中學校與台北的淡水中學，是台灣僅有兩所專收台灣子弟的教會中學，而劉吶鷗所選擇的正是南部的長老會中學。

長老教中學成立的最初20年（1885－1905）由於受到治外法權的保護，不受台灣政權的監督，學校設置的目的是為培育傳教人才，基本上是所傳教學校，所以招生的對象多為自己設立的教會小學或信徒子弟，而且招生人數也不多，所以與非教徒的台灣人關係較淺。

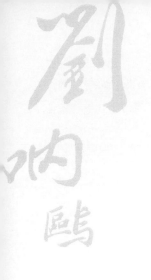

1899年起英國等國放棄在日本的治外法權，1905年台灣總督府發布私立學校規則，各地教會開始納入殖民政府的管轄，原本如英國母會分店的長老教中學，逐漸吸納台灣學校的各種課程，這一方面也是由於日本在台灣教育的發展，使得長老教中學的經營環境日益嚴苛，所以信徒捐款購置約4.5甲新校地，1916年4月遷入新校舍，1917年2月舉行落成典禮，當年5月台灣總督府民政長官下村宏趁視察南部之便，訪問長老教中學，下村除四處觀看校舍外，並對學生發表15分鐘的專題演講，下村勉勵學生：「不要忘記一件事，那就是你們的眼界若越開闊，就要越想到尚未打開眼光的其餘三百萬個台灣同胞，並要協助他們大開眼界，這是你們的重大責任。」（《長榮中學百年史》）

劉吶鷗1918年進長老教中學校，1920年4月轉學到日本東京青山學院。

不只硬體完備，教師陣容也大為充實，1916年9月，長老教中學畢業、台人第一位獲得東京帝大文學士的林茂生，返校擔任「教頭」（即教務主任）。在這種情況下，學校也把新生的

招生名額從1915年的25名提高為40名，有70名考生報名，其中非教徒的學生大量增加，當時的萬榮華校長在他的回憶錄寫道：「從此以後，本校應被視為教會學校，而不是傳教學校。」

一般在台南長老教中學校完成五年學業者，通常會選擇進入「神學院」進修並從事神職，像是1915年入學的丘明昌與1922年入學的黃武東（1909－1994），便在中學畢業後進入台南神學院，任職傳道師與牧師。

不過，畢竟當個傳教士不是劉吶鷗的志願，因為他並不是個基督教徒，再加上教會學校當時在台灣一直有立案的問題，因此，為了要與其他劉家子弟一樣赴日求學，他選擇了前往日本。

◆東京「青山學院」：

1920年，即將邁入三年級的劉吶鷗便從長老教中學校離開，目的便是為了轉學到日本立案的中學完成學業，這樣一來，畢業之後才有升大學的可能，青山學院（Aoyama Gakuin）與台南長老教學校同樣屬於教會學校，這個求學路線也是當時劉吶鷗其他親友的選擇，於是他自台南長老教中學校轉出之後，便前往日本東京青山學院轉插中等學部三年級。

東京青山學院是一所美國基督教會所管理的教會學校，1874年，美國基督教會派遣傳教士到日本設立了三所規模小的教會學校，它是其中一所的延伸，位於東京市中心（東京都涉谷區涉谷4-4-25），高等學部當時校內設有英語科、英文科及商科等，教學嚴格，在外語能力上有較高的要求，學院內分成中等學部和高等學部兩階段，劉吶鷗1922

由服飾與髮型看來，這兩張照片是在同一時期拍攝的，此階段的劉吶鷗應該已進入青山學院高等學部（相當於大學的年紀），可能是假期返台時請攝影師或愛好攝影的親友到家裡拍的，通常到照相館去拍的照片，左下方或右下方會印有攝影社的字樣，而這張照片的背景，正是新營劉家洋樓。

年3月中學畢業之後，繼續就讀該校高等部，主修英文學。1922年10月16日，就在劉吶鷗念青山學院高等學部一年級時，在台南與表姊黃素貞結婚，婚後黃素貞曾與劉吶鷗一起住在東京一段期間，1926年3月，劉吶鷗正式由青山學院文科畢業。

只可惜因為八七水災的關係，劉家一些老相簿已經散佚，所以在劉吶鷗僅留的一些相本裡，並沒有發現他的結婚照。

劉吶鷗自東京青山學院之後，也參加了由「東京台灣青年會」舉辦的「台灣留學生畢業送別會」，《台灣民報》於1926年4月4日刊登了〈留京卒業生送別會〉的報導：

東京臺灣青年會，對于各大學集專門學校以上的卒業生，照例已於去年廿五日午後一時，特開盛大卒業生送別會于神田中國青年會館……茲將卒業畢業生之芳名列左……青山學

院：劉燦波。

結束了6年的東京生活，告別了東京留學生的身份，劉吶鷗於是轉到了上海。

三、御用文人／親日漢奸？
——上海之死

◆電影是最愛：

熟悉劉吶鷗的人都知道，他畢生的最愛，恐怕就是電影了。

就連劉吶鷗最小的兒子劉漢中教授，也記得在新營家中曾經放了一堆跟電影有關的書，而劉吶鷗好友施蟄存曾說：「劉吶鷗向來喜歡做跟電影有關的事，他喜歡看拍照啦！電影啦！」、「劉吶鷗愛看電影，外國片他是全看的。」

雖然愛看電影，偶爾遇上不好看的中國電影時，施蟄存說他也會抱怨的：

今日的東京神保町古書街，曾經是劉吶鷗留日期間時常駐足之處，在1927年日記中也記載著他「從小川町散步閒逛到神保町」記事。

中國電影不太看的，劉吶鷗他有一個姿態的，看中國電影，他一講起中國電影就會「oh！」，他就說中國人演的不好，他最欣賞的就是德國「ufa」電影，當日德國「ufa」電影的藝術性最高，他喜歡看藝術性的，他喜歡的幾個人，就是「嘉寶」，還有一個男的法國人，這幾個人演得好。（訪談錄音）

事實上，劉吶鷗之所以被冠上「御用文人」的封號，後來又被批評為「親日漢奸」而惹來殺身之禍，其實都跟「電影」有關。

◆「明星」、「藝華」與「中電」：

1932年5月，國民黨在「中央宣傳委員會文藝科」之下，設立了電影股，這個單位負責的工作包括：審查電影劇本及影片、調查電影及電影院、拍攝新聞片。

1933年左翼電影運動聲浪高漲，為了加強電影審查與統管電影事業，國民黨在10月份擴大了電影股的組織，這些工作改由「中央宣傳委員」會管理。另一方面，也在南京成立了「中央電影攝影場」（簡稱「中電」），主要工作是拍攝報導國民黨官方活動的新聞片、軍事教育紀錄片。

1936年6月，編導完《初戀》之後，劉吶鷗在黃天始、黃天佐兄弟的推薦、保證下，也進入了「中電」，雖然早期劉吶鷗也有過許多左翼思想的閱讀經驗，他的好朋友之中也不乏左翼文人，包括常在內山書店遇到的魯迅，也會問劉吶鷗一些日文的問題，甚至由他出資經營的水沫書店，也曾出版一系列的左翼叢書，他自己甚至翻譯過偏左

的《藝術社會學》，但劉吶鷗向來就不熱衷左翼文學與左翼電影，再加上先前激烈的「軟硬電影論戰」，他個人屬於「軟性電影論者」，因此加入「中電」之後，很容易就被左翼影人冠上「右派」、「御用文人」的封號。

「中電」這個機構，是國民黨中央宣傳部底下的「電影事業處」，自1934年起開始拍片，主要作品為新聞紀錄片，好友黃天始的弟弟黃天佐任副廠長，黃天始負責新聞紀錄片的發行工作，《現代電影》編輯群宗惟賡先在「演員訓練班」工作，後負責管理新聞片，而劉吶鷗也擔任國民黨「中央電影檢查委員會」委員，負責電影上映前的審查工作，目前他所留下的紀錄片《攜著攝影機的男人》之中，也出現了零星軍事爆破的場景，以及軍隊遊行的影像，可知劉吶鷗的確在此階段參與了軍事教育片的工作。

劉吶鷗進入「中電」的另一個主要工作，就是拍攝張道藩的原著《密電碼》，《密電碼》則是「中電」規劃下

1936年6月19日，姚蘇鳳主編的《辰報‧藝文壇》刊出劉吶鷗進入「中電」，的消息，內文是：「劉吶鷗進中央攝影場，月薪三百元，與該場技術顧問周克待遇相同。」

《現代電影》版權頁，編輯群包括劉吶鷗、黃嘉謨、陳炳洪、吳雲夢、黃天始、宗惟賡六人。

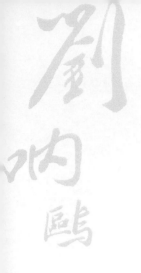

的第一部商業性電影。主要故事為張道藩北伐時期的親身經驗，原本已有張道藩自己寫成的電影劇本，張道藩本人也在片中現身演出，由於拍攝進度延宕過久，等到出片時已在抗戰前夕。《密電碼》雖然宣稱由張道藩、張北海、余仲英、黃天佐及劉吶鷗五人聯合導演，實際執行導演工作的人，只有劉吶鷗與黃天佐兩人，劉吶鷗負責撰寫分場劇本，唐煌任場記，洪偉烈攝影。演出人員則有高占非、尚冠武、童星黎鏗、李英、林靜、林少琴、許彥賢、朱麗葉等。

《密電碼》在1937年2月初殺青，4月中旬在上海「大光明」、「新光」等一流戲院公映，不料，二個多月後，即爆發了中日戰爭，因此，《密電碼》成為「中電」戰前所拍的第一部商業性電影片，根據黃天始未發電影史表手稿，我們還知道，劉吶鷗在「中電」除了攝製《密電碼》外，還剪輯了一些「中電」紀錄片。

余建中攝：1936年夏，為攝製帶小明星黎鏗（中間）乘歐亞速聯機飛京，於故宮飛機場，劉吶鷗（左二），穆時英（右四），此照片收藏在劉吶鷗相簿，照片背後之文字說明，有劉吶鷗親筆鋼筆字。

◎密電碼（1937）故事概述

　　1926年，國民革命軍攻克武昌後，張伯屏、李正榮、黃立人、商文敏四人奉命赴西南某省工作。為建立機要通訊，他們攜帶了一本密電碼。四人到達該省後，拜會當地老同志平建中，並接受平建中的建議，先征求省當局同意而後組織黨部。省長周錫臣出身行伍，善鑽營，兼任北軍後備隊總司令，同時虛受中央委任為國民革命軍第五十軍軍長。張伯屏等四人前往拜謁，周錫臣正在署內與情婦取樂，及至聽到組織黨部的建議，不勝驚駭，斷然拒絕，會見不歡而散。於是，四人與省內同志商議於黃花崗七十二烈士殉難之日舉行示威遊行，以促當局醒悟。周錫臣為了敷衍也出席會議。張伯屏的講話受到群眾熱烈歡迎，而周的講話受到訕笑，他為群眾情緒所震驚。回署後，周下令檢查郵電，禁止集會，並以五千元致張伯屏，任他為實業廳長，遭張拒絕。周錫臣獲得郵局扣壓的中央密電一封，但因無密電碼，無法破譯。恰逢此時兵工廠工人為欠薪事罷工，周借詞為黨人所為，將張、李、商三人逮捕，施以酷刑。三人堅不說出密電碼下落。黃立人隱匿於工人家，將密電碼藏仕李正榮的像框中，囑妹小玲攜至李之女友吳國珍家，吳將像框掛牆上。周錫臣派人搜查吳家，見李的照片怒以刀劈，不意獲密電碼，周譯出所扣密電，內容是對他表示信任，希望張伯屏等與他密切聯絡，鞏固邊防。周並不悔悟，甚至將李正榮處死。張伯屏等人在獄中設法與黃立人取得聯繫，令他與八十六軍雷軍長接洽，舉事滅周。在八十六軍和民眾的圍攻之下，周錫臣終被殲滅，省城克復，全省民眾重見天日。（資料來源：中國影視資料館）

1936年8月，劉吶鷗舉家遷往南京，赴南京「中央電影攝影場」，實際的職位是：「電影編導委員會」主任及編劇組組長。

1937年1月，《永遠的微笑》轟動上映，儘管文藝片的題材一向受左翼影人的強烈抨擊，劉吶鷗等人所堅持的純粹電影藝術也不被高度評價，然而，從《永遠的微笑》刷新廿五年來票房紀錄的角度看，實應給予肯定。「中電」推出的《密電碼》也在同年4月份推出，不過抗戰爆發後，「中電」分批撤退到蕪湖、重慶一帶，劉吶鷗在多方考量之下，選擇回到上海。

劉吶鷗在照片原件後面寫著：「余建中攝：內景攝置情形」。

有關劉吶鷗在1937年8月9日辭職離開「中電」，由南京回到上海，秦賢次先生認為主要有兩個原因，第一、「家累重」，尤其虹口居家若如無人照顧，恐怕於戰亂中將被搶劫一空；第二，劉吶鷗認為在大後方的重慶並非拍攝電影的良好地點場所。

「中電」的同事黃鋼，在劉吶鷗被暗殺後四個月，曾於香港《大公報》

發表一篇連載文章〈劉吶鷗之路（報
告）：回憶一個「高貴的人，他的低賤
的殉身」〉，他提到在七七事變後，劉
吶鷗決定離開南京：

> 在那可紀念的七月七日──
> 「我要回上海去了。」劉來到
> 辦公廳裏，這樣對我說。這時
> 候，是早上八點鐘，劉向來是
> 準時上工的……劉叫我跟他到
> 剪接間去交代一些事情。「你
> 看，這就不像一個應付戰爭的
> 樣子，」劉進了剪接間之後
> 說：「工作時間已經到了，
> 技術部還沒有一個人來；這
> 種樣子要和日本人打是打不過
> 的。哼，中國人，總是一塌糊
> 塗！」（黃鋼〈劉吶鷗之路（報
> 告）之四：回憶一個「高貴的人，
> 他的低賤的殉身」）

劉吶鷗攜其子女在南京所拍攝的生
活照，推斷時間應該是1936年—1937
年，於南京「中電」工作期間，劉吶
鷗手中所抱的是二女劉玉都，身旁的
小男生應該是二子劉航詩。

戰爭爆發後，劉吶鷗對於南京「中電」
同仁在工作散漫上的態度無法認同，況

且出生以來便身為日本殖民、在東京留學，並熟知日本文化的他，對於中國人不積極的應戰態度當然不敢認同，根據辻久一《中國電影史話——一兵卒的日中電影回想記：1939－1945》也提到，劉吶鷗曾經和他的好友黃天佐一起到中央電影攝影場工作，不久對當地的工作「失望」後回到了上海，根據這兩項側面得來的訊息，或許這也是劉吶鷗不願繼續在「中電」留任的理由之一，此外黃鋼還提到：

> 工作後一次電話裡，劉表示：整個「國家非常時期電影事業計劃」雖然由劉起草擬定了，不過那還是沒有什麼用的；因為，據他講將來正式地打起來之後政府不知道要退到什麼地方去，而離開了海口，在內地那樣的條件底下他是認為根本無法做電影的。第二，放映機的問題，他主張完全存在銀行裏，不必取回來；全國巡迴放映網的辦法，他說，那是行不通，因為戰爭會給全國各大城市以嚴重的空襲，空襲以後城市的電流一瞬就要停止了，這還放映什麼（而鄉村和小城市的觀眾，他是完全忘記了）？最後，第三，他聲言不必怎樣忙著去拍出防空的教育短片，為了，他預料能夠懂得防空知識的人，早會離開戰爭的危險區了，而一字不識的老百姓，你難道真要用電影去教育他們麼？
>
> 就是這樣荒繆無理的意見，劉吶鷗用輕蔑的，但也是婉轉的口氣說出來，說畢拋下話筒，算是交代好他最後的工作。
>
> （黃鋼〈劉吶鷗之路（報告）之六：回憶一個「高貴的人，他的低賤的殉身」〉）

　　劉吶鷗提出的這些理由，其實並不是真的「荒謬無理」的，電影在當時是高科技藝術，除了大城市之外，小鄉村的確沒有發展電影藝術的條件；再者，實際經歷過日本「關東大地震」的他，對於天災（甚至人禍）將如何破壞整個城市建築與景觀，他是親眼目睹的，他深刻瞭解到戰爭會為城市帶來多嚴重的傷害；而原本便認為電影應該使人歡愉、使人開心，也將電影視為「眼睛吃的冰淇淋」、「心靈坐的沙發椅」的劉吶鷗，要認同電影是一種「宣傳」、「教育」工具，又是何其困難？因此，「防空教育短片」也不過只是一種虛幻的口號，並不能實際發揮效用，這也很可能是劉吶鷗辭去工作的理由。

◆從「光明」到「中影」：

　　自1932年開始，經過中日戰爭，到劉吶鷗被暗殺身亡期間，劉吶鷗在上海從事的電影活動，日本學者三澤真美惠曾經為文詳細討論過（包括：〈孤島〉上海映画工作の一側面─ある台湾人〈対日協力者〉の足跡から〉、〈暗殺された映画人、劉吶鷗の足跡：1932－1937年─「国民国家」の論理を超える価値創造を求めて〉、〈日中戦争勃発後上海における劉吶鷗の映画活動〉）。三澤真美惠教授透過檔案、中日文文獻、日人回憶錄，以及詳細的考證，讓有關劉吶鷗不曾被觸碰的一部份得以明朗化，彌補了以往所有劉吶鷗研究的不足。根據三澤真美惠教授的考證研究，離開「中電」後的劉吶鷗，在抗戰爆發後，成為協調日軍電影統制而成為「日軍」與「上海影人」之間談判事宜的關鍵人物。

　　有關劉吶鷗與日方合作電影的詳細內容，目前較可信的參考的資料是松崎啟次的《上海人文記》和辻久一的《中國電影史話》，他們

兩位都日本人，曾經跟劉吶鷗一起共事。

　　劉吶鷗或因身份的關係，或因對純粹藝術及純粹電影的執著，或因電影理念的問題，在結束「中電」的工作之後回到上海，身份從左翼人眼中的「御用文人」，變成當時中國人眼中親日的「漢奸」。他擔任「中日」電影合作的中間人，主要的工作便是為實踐中日間電影合作，松崎啟次在《上海人文記》中提到，劉吶鷗先是負責調查上海電影界有哪些影人前往他處，哪些影人留在上海，留下來的電影人接下來的態度如何，這部分工作根據三澤真美惠教授的考證，約在1938年3月中旬左右，而準備設立公司，時間則大約在1939年1月到1939年6月之間。

　　三澤真美惠教授將日軍對於上海電影界的統制，整理成三點：（1）要求上海電影界協助日本軍方的檢閱制度；（2）收購沈天蔭所組的「光明影片公司」；（3）說服上海影人，包含張善琨和金焰等人，協助日本軍方。

　　1938年，離開「中電」之後，劉吶鷗與日本「東寶映畫株式會社」合作，以沈天蔭為名（沈原先經營「友聯影片公司」），由「東寶」出資六萬日元，創立上海「光明影業公司」，由劉吶鷗和黃天始等人策劃，到1940年夏，利用「藝華」公司片場，前後拍了四部（另一說法是三部，不包含《大地的女兒》，不過，就黃天始的說法，也是三部，不過不包含《薄命花》）影片，包括：《茶花女》、《王氏四俠》、《薄命花》、《大地的女兒》，導演以李萍倩、王次龍為先趨，演員則召集了袁美雲、劉瓊、英茵、尚冠武、李英、關宏達等人。此四部片之資料概述如下：

（1）茶花女：李萍倩編導，姚士泉攝影，袁美雲、劉瓊、英茵、王次龍、關宏達、尚冠武、李英等合演。（1938年拍成、同年上映）

（2）王氏四俠：王次龍編導，姚士泉攝影，張翠紅、王引、李英、王乃東、王次龍、尚冠武、關宏達、余琳等合演。（1938年拍成、同年上映）

（3）薄命花：李英編導，顧蘭君、李英、尤光照、屠光啟等合演。（1940年拍成、1940年1月1日上映）

（4）大地的女兒：劉呐鷗編劇，李萍倩導演，江文也配樂，黎明暉、李英主演。此片據説於1940年拍成，是劉呐鷗根據美國女作家賽珍珠的名著《母親》改編，擔任配樂的江文也也是台灣人，不過該片似乎沒有上映。

1939年6月，由「滿映」出面，聯合日本「東寶映畫株式會社」、南京維新政府共同投資，在南京創辦「中影」，此為日本佔領軍控制下的一個電

此為女明星英茵（1916—1942）劇照，收藏在劉呐鷗的相簿裡。英茵，原名英鳳真，北京人，畢業於北平女子師範學校，後赴上海參加聯華東司歌舞訓練班和明月歌舞團，1934年在上海影戲公司拍攝《健美運動》、《桃花夢》，1936年進入明星公司，抗戰爆發後隨救亡演劇隊到重慶，主演「中電」出品的《保家鄉》，同時也協助其夫平祖仁從事投入抗日情報工作，1942年平祖仁被殺，她冒險將之安葬之後，在上海國際飯店頂樓服毒自殺身亡。

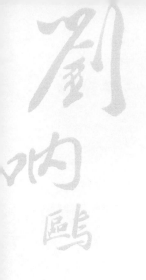

影製片、發行、放映的機構，總公司設
於上海江西路170號「漢彌爾登大廈」
（Hamilton House），在南京、廣州、漢
口、東京均設有分公司，此時，劉吶鷗
與松崎啟次、黃天始、黃天佐兄弟一起
迎接日人川喜多長政來到上海，並與黃
氏兄弟一起加入「中影」，「中影」董
事長褚民誼是維新政府外交部長，副董
事長川喜多長政，總經理石川俊重，松
崎啟次任製片部長，劉吶鷗任製片部次
長，中方代表則由黃天始負責營業；黃
天佐負責製作。

　　辻久一《中國電影史話》提到，劉
吶鷗很早便與上海軍導部金子少佐相結
盟，因此可以一直保有他上海地產的所
有權，後來劉吶鷗參加了「中影」設立
之前的中日電影合作工作，偶爾也和從
「東寶」派來的松崎啟次一同工作，不
過，劉吶鷗是以「自由立場」進入「中
影」的，但除了電影之外，由於劉吶鷗
多才多藝，因此他能夠從事其他的工
作，除了一開始的文學創作之外，劉吶
鷗同時具備演戲、電影、新聞等方面的

劉吶鷗與好友黃天始合照，
約拍攝於1930年左右。

才華，可說是多才多藝，劉吶鷗也比其他日本人更善於理財，不過由於川喜多長政透過「中影」的成立，接辦了松崎啟次和劉吶鷗大部分的工作，而且川喜多曾在中國留學，不需要劉吶鷗擔任翻譯，因此金子、松崎和劉吶鷗的主導權相對減弱，所以在劉吶鷗擔任「製片部次長」期間，很少在漢彌爾登總公司和閘北的攝影棚露面。

辻久一對於穆時英任職《國民新聞》社社長一事，採用了穆時英接受蔣政府「中央統計局」密令作為臥底的說法，他認為穆時英是堂堂正正出現在地上的間諜，由於重慶政府的地下工作者之間的聯繫不夠完善，因而被誤認為「漢奸」而遭暗殺。劉吶鷗成為穆時英的後繼者，辻久一所提到的兩個說法都和翁靈文在〈劉吶鷗其人其文〉一文中的說法有些出入，第一個說法是，劉吶鷗是被汪政府宣傳部長林柏生所邀請，才任職《國民新聞》社的社長；第二個說法是根據公孫魯所述，劉吶鷗是被「派遣軍報導部」所任命的，而翁靈文

劉吶鷗與好友黃天始合照，約拍攝於1933年—1935年之間。

的説法是，劉吶鷗是經由胡蘭成的引介，才接受穆時英的工作，兼任《國民新聞》社社長。

劉吶鷗不因為穆時英的遇害而拒絕報社社長一職，他對工作的投入，以及不畏懼恐怖活動的態度，讓家人和周遭親友都非常擔憂他當時的處境，這也充分展現出他個人的人格特質，以及對於工作的積極性。

根據辻久一《中國電影史話》，在1940年9月初，松崎為了製作《珠江》紀錄片而前往上海，在四馬路的京華酒店招待石本統吉和五位工作人員吃午餐，會場設在二樓的一個房間內，當天黃天佐、黃天始與劉吶鷗也在座，飯後松崎要黃氏兄弟報告工作狀況，大約在中午兩點會議告一段落時，劉吶鷗説他有事，要先走一步，便步出房間。在急忙走下樓梯時，一個坐在靠近樓下入口位置，穿著中國服裝的客人，以劉吶鷗為目標亂射一陣後便迅速逃走，這完全是瞬間的變故。

根據松崎啟次的《上海人文記》所述，劉吶鷗當時確實以日語高喊著「我被殺了」、「我被殺了」兩聲，聲音是很有力量的，和平常精神奕奕的狀態沒什麼兩樣。

辻久一提到，劉吶鷗是唯一一個因為在「中影」從事中日電影合作工作而喪命的，松崎曾説劉吶鷗的死是捲入「吸金」的紛爭中。然而，當時也有人提到劉吶鷗「吸金」，是因為想開辦演員學校，培養更多有演戲才能的人才，因此需要賺取更多資金。也的確，在劉吶鷗的《永遠的微笑》手稿中，還夾放一、兩張來面試女明星的履歷表，況且，對於胡蝶在《永遠的微笑》中的演出，劉吶鷗並不是百分之百的滿意，而在他所留下的紀錄片裡，也可看到羞澀上鏡，似乎是在「試鏡」的女性，可見得他認為培養「演員」一直是很重要的工作，

從另一個角度來看，以劉吶鷗家族當時在台灣台南的財力狀況而言，因貪圖「吸金」之利而喪命槍管下，似乎不太可能。

在松崎啟次的回憶錄《上海人文記》中提到，劉吶鷗為「中影」的成立忙於奔走，最主要的理由是「希望見到用最健康的方法痛痛快快地做電影」、「為成立能夠創作出與新中國相應的新電影的機關」。由此可看出，在劉吶鷗心中，追求「純粹藝術的電影」、「自由的電影」，的確是他一直以來所追求的終極關懷，包括因為進「中電」被貼上「御用文人」的標籤，包括進「中影」而被認定是一名出賣祖國的「漢奸」。

此外，松崎啟次還提到另一件事情，讓我們對於劉吶鷗的理念與追尋有更深入的認知，他提到，有一天劉吶鷗對他說：「我們公司不做電影是錯誤的，重慶方面開始對我們進行猛烈的宣傳戰，因為如此，我們才要設立電影公司，讓各方面的有力人事來協助我們不是嗎？公司變成電影發行機關，這樣真的好嗎？」松崎啟次事後回憶此事，心中猜測著，當時自己對劉吶鷗的數度忠告依舊保持無動於衷的態度，應該會讓劉吶鷗有些失望吧！由於意見不被採納，此後，劉吶鷗也不再重複那些忠告，松崎啟次心中也明白，或許劉吶鷗對拍攝電影的積極態度，是希望儘早透過完成藝術價值較高的作品，讓那些罵他是「漢奸」的人早日對他刮目相看。

辻久一還說，劉吶鷗是個熱情、直率、積極的實踐者，雖然他當時的國籍是日本，體內卻流著中國的血，加上他所接受的是英、法等國的多樣教育，當然有自豪的才能，但也因為在各方面過於通融無礙，反而有了煩惱和孤獨的淒涼感。有關劉吶鷗的「孤獨感」和「淒

涼感」，筆者認同三澤真美惠教授引用松崎啟次回憶錄裡的資料來説明，將他定位為一個「無國旗的人」，內容是，當劉吶鷗不得已擔任一名中國間諜（中日混血女性）的翻譯時，對松崎啟次説了一段話：

> 我雖然不認為她所説的話全部可以相信。然而我想那也不全都是假話。因為心裡沒有國旗的人，他們悲哀的心情我是知道的。我是台灣人。但是除去小時候在台灣和日本的成長外，我一直都住在上海。在和日本人的交談中，如果提到我是出生於台灣，一定會感受到他們臉上所浮現出來的一種輕蔑……當然，我也知道中國人是用一種特殊的眼光，來看待我這個充滿日本味的中國人。像這樣站在清楚地抱持著國旗的人之間，會如何地混亂；又是如何被相反的兩方用猜疑的眼光看待，我是非常了解的。（松崎啟次《上海人文記》）

為了實現追求電影藝術的夢想，劉吶鷗曾經隱瞞「國籍」，以「中國人」的身份到南京「中電」去，一直以來，他周遭的文友、影友，都認為他是來自南方的福建，施蟄存也曾説過，劉吶鷗永遠對朋友説不清楚自己是哪裡人，事實上，避談台灣身份，也一直是當時多數台灣人想要在中國順利發展的必要手段。根據隨初（黃天始）在〈我所認識的劉吶鷗先生〉裡所提：

> 談到劉吶鷗的國籍問題，在八一三以前，我對於吶鷗的日本籍是毫無所聞，但是，國籍又有什麼關係呢？如果我們把他

作為一個中國人，他在中國新文化運動所建下的功績是不可磨滅的。他在中國生活的時間較長遠，所以他的思想，他的性格，他的言行是比較屬於中國的。反之，如果把他作為一個日本人，他的一生工作是更加偉大。他深深地走入中國的文化界，去發動中日文化一元化的工作，我相信沒有一個日本人幹過這樣艱深的工作。（隨初〈我所認識的劉吶鷗先生〉）

◆ 《國民新聞》社長及上海之死

劉吶鷗被狙擊的死訊，1940年9月4日在各大報傳開，同日《國民新聞》以「渝方一再戕害本社社長」為頭條，標題為〈劉吶鷗氏慘遭狙擊，又為和平運動殉難──昨在京華酒家遭暴徒襲擊不治殉命，各方聞訊咸表哀悼林部長來電唁慰〉：

> 本社社長劉吶鷗氏，於昨日下午二時十分左右，在福州路六二三號精華酒家遭奸徒狙擊，傷重不救而殉難。至於行兇暴徒於達到戕害和運份子目的後即逃逸無蹤。本社前社長穆時英氏，於六月二十八日在福建路遭渝方報徒狙擊殉難，迄今僅二月又五日，而劉社長又遭遇同樣之慘禍；渝方之任意暗殺和運同志，已充分暴露其窮兇極惡。（《國民新聞》，1940年9月4日頭條）

同日，《國民新聞》第三版副刊〈六藝〉，則已一處空白（長度約17.5公分，寬度約10公分的空白）表示「本版沈痛紀念文化界導師劉吶鷗先

31

生」，讓人不得不產生聯想的是，《六藝》曾經是穆時英、劉吶鷗所編輯刊物的名稱，目的則是為了表示自由文學創作與純粹文學理念，接下來的幾天，陸續有人在此版回憶劉吶鷗在工作上的勤奮態度，以及與文藝青年談話的熱情。

9月4日，以「同人」名義，發表宣言〈我們決不為暴力所屈服〉，其中提到劉吶鷗曾在穆時英被擊後，沈痛地勉勵大家「為宣揚和平運動而努力，並共同負起這一責任……在最近幾天他常常召集我們談話：談話的主題總是討論著怎樣努力使本報能成一張最理想的新聞紙，總是在事業上的打算著」。

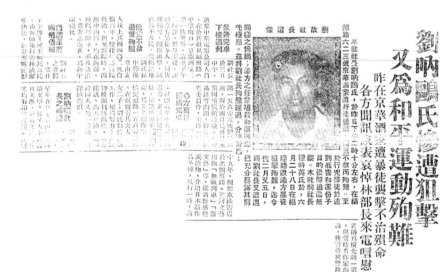

《國民新聞》1940年9月4日頭版。

9月5日起，分別由「中華電影股份有限公司」與「劉吶鷗先生治喪委員會」之名義刊登「報喪」，並以社論〈徹底肅清潛伏租界區的藍衣社暴徒：我們對於不人道的暗殺毫不感覺畏懼恐怖〉，該文提及「南京」政府正開展和平運動，「重慶」獨夫卻還沈迷於抗戰迷夢，並唆使其鷹犬爪牙「藍衣社暴徒」任意屠殺和平運動的愛國志士作為連續暗殺事件的批判。

9月6日，頭版刊出〈劉故社長遺體，本月九日大殮——在萬國殯儀館舉行〉：「本報社長劉吶鷗氏，於三日午後二時十分在福州路遇狙擊殉難後，各方聞訊，咸表震悼，昨日劉氏故舊錢復劉氏私邸弔唁者，絡繹不絕。劉太夫人於接獲劉氏殉難兇耗後，已由原籍兼程來滬，預計於今日當可抵滬。劉氏遺體已擇於本月九日下午三時，在膠州路萬國殯儀館舉行大殮。」當天的頭版報喪仍由「劉吶鷗先生治喪委員會」刊出。〈六藝〉版刊出華荔靜〈哭——哭劉吶鷗〉：「忍了這一晚，終於在回家後哭了。我不知道我怎樣會有那種感覺，在聽到這傷感而刺激的消息後，急急趕到醫院裡。一切都完了，我推開半掩著的病房門。你靜靜地睡在床上，滿胸的血；血，那麼鮮紅的。……中略……我為什麼哭。我哭你，更哭這動亂時代中一切不幸的人。我傷痛戰爭帶來無窮的不幸，給予人類無窮的傷害。」

9月7日，在《國民新聞》頭版下方刊登「劉吶鷗先生治喪委員會啟事」的屬名，改由三個單位聯合刊登，分別是「國民新聞社」、「中華電影股份有限公司」和「上海台灣公會」，刊登訊息內容為：「中華電影公司製作部次長、國民新聞社社長劉吶鷗（燦波）先生於於本月三日不幸遇狙擊殉難各界聞訊咸表震悼，劉氏遺體謹擇於本月

九日下午三時（新鐘點）在膠州路二〇七號萬國殯儀館舉行大殮僅此通告。」另一小則刊登於啟事之後的訃聞，則屬名「劉吶鷗未亡人劉黃素貞率子泣血稽顙」此時啟事多出一個「上海台灣公會」單位，一方面已經明確公布劉吶鷗的台灣人身份，另一方面可知，在劉吶鷗母親9月6日抵達上海之時，已由上海「台灣公會」出面協助料理後事，包括在劉吶鷗火化之後，協助家屬將骨灰移回台南。

在台灣布袋戲大師李天祿的回憶錄之中，曾提過1947年他們「亦宛然」一行人曾受自上海回台的莊阿茂邀請，到上海演出，不過到了上海之後，因為沒有預定戲院檔期，因此沒有演出場地，在不得已的情況之下，只好住進「台灣公會」，由當時的李惠光會長幫他們籌措返台旅費，可見上海「台灣公會」便是1949年之前，在中國管理台灣人的機構。

9月7日當天，除了頭版刊出「劉吶鷗先生治喪委員會啟事」之外，〈六藝〉版也刊登由盧文希執筆的〈還彷彿見到了他的高大的身軀胖胖圓圓的臉龐〉一文，從本篇文章中，我們可以瞭解一些劉吶鷗在《國民新聞》裡的工作狀況與態度，這也是他生前所做的最後的一份工作，筆者將此文轉錄如下：

> 八月的一個中午，呂來電話，說：「劉吶鷗在新雅，你能來嗎？」
>
> 我馬上答應了我是可以到新雅去的，于是我讓一封未打完的信留在打字機上就跑了出來。到新雅，我看見呂跟一個很健壯的中年人坐在一起，在呂介紹前我就決定了他是劉吶鷗。

坐下來，呂問我吃過飯沒？我說，吃過了。劉用筷子點桌子上的菜：「隨便吃點什麼吧。」

起初，我還以為他是廣東人，因為我聽見他跟茶房說了些並不十分生澀的廣東話，那時，我很覺得他是個聰明人，恩為他能同時說很漂亮的廣東話和國語，而我，就是用國語跟他談談也很吃力。

那天，我們說了一些零零碎碎的話，我記得他第一句這麼說：「過去國民新聞你寫過不少的文章，現在請你再多寫一點。」而過後，又說到寫作的技巧方面的話，他說了一個故事，一個法國雜誌上看來的故事，叫我寫一篇小說，我糊裏糊塗地答應了他，可是直到現在還沒有下筆寫，而在後來幾次見面他又說了一些故事，還是叫我寫，說最好能每天些一篇，一千多字，要每天一個動人的題材，這使我覺得很難，而一直不敢嘗試。

那天在新雅是坐到兩點多鐘出來，出來又到他公司裏去做了一會才分手。分手的時候他說：「盧先生，以後我想找個機會讓我們談談。」

可是這個機會是直到現在還沒有找到，而以後我們到曾有幾次偶然相值于新雅的。在這幾次見面中，都是互相點一下頭之後就坐下來，坐下來，說了不多的話之後我就走了。

最後一次的相值是在他遇害前三天，呂剛自南京回來，幾個熟人，坐在新雅的一個房間裏吃茶，他那時正在熱心著經營想把他正辦着的那張報紙弄好起來，他說了許許多多的

計劃，他的對文化藝術的這份熱情很使我感動過。當時，過後我也這麼想，這張小小的報紙一定會給他弄得好起來的，至少在形式上。

可是，不久他就死了。他死了，我看見當時曾和他跑得很密切的幾位朋友還是照樣的來新雅吃茶，過日子，說說這樣那樣。如果不是我星期二晚上看了晚報，那麼昨天我相信我不會知道他已這麼慘地死了，也許我會問：「你們今天看過老劉沒有？」

死的是死了，而生的還是在這個角落裏活著，但不免都感到一點沈痛的哀感，一種摯誠的沈痛的哀感。

所以在我看到一位很長的朋友的感傷的不愉快的臉容之後，我非常感動。我好像看到一個非常偉大的人物，我恨不得擁抱他一下。

現在，是劉死後的第三天了，而我還彷彿見到了他的高大的身軀，胖胖圓圓的臉龐，一面喝着鐵觀音一面在揩汗。

（盧文希〈還彷彿見到了他的高大的身軀胖胖圓圓的臉龐〉）

從盧文希這篇文章，可知劉吶鷗對於主編《國民新聞》仍保持著高度的熱忱與積極的態度，這與黃鋼回憶他在「中電」時，對於電影工作十分投入的態度幾乎是一樣的，可見劉吶鷗是一個敬業的人。

辻久一在《中國電影史話》裡提過劉吶鷗接手《國民新聞》的兩個可能，一個是由南京政府宣傳部長林伯生所邀請，一個是由上海軍報導部所任命。翁靈文則認為是由胡蘭成引薦劉吶鷗上任的，不過施

螫存認為劉吶鷗的日本關係應該比胡蘭成還早還好，筆者也認同施螫存的說法，尤其從劉吶鷗死訊刊登在1940年11月的《青山學報》看來，劉吶鷗的確是可以與日方直接聯繫的。除了辻久一所提的兩個可能，筆者推斷，劉吶鷗個人願意接手《國民新聞》的可能性有兩個：

其一，他的好友穆時英喪命在槍管下，因此他希望能接續穆時英未完成的工作，尤其是對於副刊〈六藝〉版的編輯，穆時英取名副刊為〈六藝〉，必定是希望延續指出了三期便夭折的《六藝》月刊，因此副刊版〈六藝〉延續了「新感覺派」的文學理念，劉吶鷗可透過《國民新聞》的編輯，來發揮他所抱持的純粹的、藝術的文學理念；

其二，或許是因為在「中影」已無法繼續他心中真正想要的「拍片計畫」，「中影」因政策考量成為一個電影發行機關，並不能實踐他的電影理念，因此，接手《國民新聞》社長一職之後，他便積極約談這群文字工作者，甚至懷抱著一個高度的理想，希望從文藝工作中找回更自由的立場。

或許自從轉任電影工作之後，相對擠壓了劉吶鷗的文藝創作時間／空間，劉吶鷗的最後一篇小說〈殺人未遂〉寫成於1934年11月4日，也就是在劉吶鷗與盧文希談話的六年前，現階段他對創作的實踐不再是文字書寫，而是講故事（當然，對他來說，若是能拍成電影更好），他開始把好的故事分享給別人，所以他鼓勵盧文希天天創作題材新穎的小說，也有另一個可能，那就是此時國語流利的他，也不再需要透過文字書寫來增強自己的「國音會話」，所以他開始講故事，甚至因為語言的多元性（中、英、日、法），有能力把自己從外國雜誌

中所閱讀到的故事分享給這些更年輕的文藝青年，期望他們能持續寫作，寫出更多更好的作品。

此外，劉吶鷗也喜愛思考電影故事，他自己曾跟松崎啟次提過兩個改編故事提案，第一個是改編自「何讚」的真實故事，一個曾經留學日本的人，為了要保護難民而協助日本軍方，卻因此被視為「漢奸」，最後遭殺害。第二個故事，則是描寫蔣介石前夫人毛福梅眼中所看到的「中國近代變遷」的一個劇本。何讚的案例，會不會就是劉吶鷗自己親身的經歷與感受？

9月8日，〈六藝〉版刊作者屬名「舒靈」的〈好像在他離去這個殺人不眨眼的世界之前還有很多話要說——懷劉吶鷗先生〉，從本文也可略知劉吶鷗《國民新聞》社同人對他的印象，筆者節錄如下：

> 我記得他來社裡硯事的時候，是一個很熱的下午，我們同人都在作各人應做的事，突然，一個高大結實的漢子出現在我們面前，據經理的介紹，這位便是新接任底社長劉吶鷗先生，那還是一個月前的事哪！他到社之後，很忙碌的把一切事情接下手來，並且很詳細地在擘劃本社將來的計劃，每次見他，他總是左手挾着短衣，右手挾着公事籃，領結總是不見他打的，總是把領子放開，汗涓涓地從額上淌著；等到公事一完，他馬上又跑到另一個辦公的地方去辦另一件事，我們可以說他是一個不修儀容的忙人同時也是一個刻苦的青年人。

換言之，劉吶鷗接手《國民新聞》，才短短的一個月左右，卻惹來殺身之禍，無論是奉令行事、被邀參與，劉吶鷗都同樣的敬業與用心，這是不容置疑的。

9月9日，《國民新聞》頭版仍繼續刊出「劉吶鷗先生治喪委員會啟事」，同日也是劉吶鷗在上海的入殮之日。當天新聞版（第四版）刊出一則新聞〈本報劉社長遇害後，定今日舉行公祭典禮──連日前往私邸弔奠慰唁者數百人，屆時膠州路上素車白馬備極哀榮〉，而〈六藝〉版則刊登報社同人楊大言寫的〈我現在不能重複回憶那一剎〉：「你在前天黃昏的時候，曾到社中與我見面，不過時間是非常匆促的，大概祇有五分鐘；當你踏進你的辦公室中，我正躺著小睡，你就立在旁邊，輕輕喚醒我，囑咐了許多重要事務以後，就匆匆的與我分別，誰知這一次的分別竟成了永訣啊！」

9月10日，頭版刊出「謝啟」，內容如下：

1940年9月9日下午三點，劉吶鷗公祭典禮於上海膠州路207號「萬國殯儀館」舉行，可看到靈堂前還放有專業攝影燈，劉吶鷗家屬至今還保有當天喪禮的玻璃底片數枚。

本報故社長
劉吶鷗氏昨日設奠
中外各界人士紛往吊唁備極哀榮
汪王席林部長均惠賜賻儀

劉夫人於靈前致奠又見一瞥影

本報社長劉吶鷗氏，於本月三日在京津酒家遇刺殉難後，昨日下午三時在萬國殯儀館舉行誦經設奠，宣傳部長林柏生氏，亦致送厚賻一千元。

昨日為劉公燦波領帖辱承各界諸親友好玉趾親臨寵錫奠儀雲天高厚光增泉壤存歿均感僅此誌謝劉氏治喪委員會謹啟未亡人劉黃素貞率子稽首。

在新聞版（第四版）上方，則刊出〈本報故社長劉吶鷗氏昨日設奠——中外人士紛往吊唁備極哀榮〉，文中還放了一張劉吶鷗之妻黃素真的在靈堂前的一張照片。同版還有一篇「本報特寫」：〈劉社長身後哀榮，公祭典禮的素寫〉：

劉社長身後哀榮
公祭典禮的速寫

在本月三日下午二時，被殘酷的暴徒狙擊而長眠了。劉社長是一個文化的先進者，他富有藝術的天才，在影壇上是不易多得的人才。自然，這消息傳遍了跟劉以後，社會各界莫不異口同聲嗟悼。

呐鷗先生，本報劉社長⋯⋯

昨日各界在極樂路的萬國殯儀館舉行莊重的公祭儀式。下午二點半鐘的時候，記者帶進白色的松門，經過濃厚靈前的鮮麗的花圈。

在長方形的柏油路，現露堂前的正門，就是走入鄉間的，兩旁銀色嵌金的花圈，分佈着幾，被浸沉在怎樣恰好的氛圍裏。再踏進禮堂裏，在佈置着黃色布的一切胸目中心，燈四。

莫不，使人周壁上佈着濃黃色的，從牆壁上光聯，一團後發照過來，一團團地發出暗淡的白光，慘淡的空氣是更覺芒。一片慘悵的空。

人都是三角形，交叉成三角形，中外人士，標誌着各種花圈的長方式，都是在歷屆所供獻祭弔，給人。亞細亞影業、華納、中華電影公司、李紅、陳娟娟、周璇、零⋯⋯等洋溢本。一移四字一本橫額光：向忠魂永望，後悲業部所慟與無數。

禮堂的邊門傳進了，嗚咽的哭聲中，一代的劉吶鷗夫人伴着經過的梯樓，過禮堂時中央哀弔都先。傳了，悽惻的生，上的賓客，左右的禮堂都在幽幽子靜寂，在禮，他們擁眼了的一片，光中央的壯烈貴。

這時，劉夫人忽然在靈前的空那開始，容嚴肅聲子，把沉靜卯嚏嚏的！那時，幾聲燈光容嚴肅地，忽然長接着僧侶開幾聲，改換了時悵悠的。

公祭後，社也不斷地哭起的禮堂。個的伴侶在鳴起，聲音無數哭來的賓，整在悽苦宜公。後沉語極，悲宜痛諳諳慢空氣依然是那麼。

個色的爐搖，黃銅的香爐，這過的照射，受着強烈的燈光五彩更黃，各發出了這種光十，燈光裏的劉吶鷗，強烈照射的光芒都。

燈只五百燭光的，慢慢的燈圈明，那地支地映如同白的亮起，水來，銀邊以。

慘恰了，濃得右影，襯播渺渺，攝影如都同樣起一光，左在忙着拍，右邊角的拍，白紅一燈這一照，底的二隻悲影燈金花的音桌，一直照着身來，忙下去的圖前。

懷着哀痛的氛圍，在僧侶們梵誦着的公祭典禮徐徐完中，這哀晴。

個啊宣告，我們就完成了這個沉重的公祭典禮，於是開始提起沉重的步代，懷着哀痛的走出了慘悵的——西濤

屬名〈西濤〉的同人，寫下當天公祭典禮的細節。

9月11日，〈六藝〉版刊出冥鏡水的〈夭亡和高年不過是其中枝節〉，這是《國民新聞》裡最後一篇哀悼劉吶鷗的文章。

劉吶鷗被暗殺的原因至今無解，在當時謠言滿天飛的上海、台南，具有「日殖民」身份的「台灣人」劉吶鷗，當然不是當時一些報章媒體所報導的〈甘心賣國，加入日本國籍，為虎作倀〉，「日本國籍」並不是他所能選擇的，也不是他後來「加入」的，那是歷史在他身上所開的一個大玩笑，那也同時是他的「原罪」。不過，由於該兇殺案並未破案，所以有關劉吶鷗之死，我們無法證實幾個較常見的說法：

1、因《茶花女》影片的東渡事件，捲入國民黨的暗殺熱；

2、因侵犯上海流氓黃金榮、杜月笙的賭場經濟利益（施蟄存提供）；

3、因為誤殺，不幸成為日人川喜多長政，或是中國影人張善琨的替死鬼。

筆者再次重閱1940年3月22日創刊的《國民新聞》，發現一個很巧合的線索，就在劉吶鷗被暗殺的前一天，也就是9月2日，《國民新聞》第二版〈綜合版〉以全版刊出「中國國民黨和平運動、殉難同志追悼大會專刊」，刊頭並寫有「汪兆銘敬題」五個大字，全版主要是以汪精衛〈和平運動殉難同志追悼大會獻辭〉一文為主體，文中附有兩份書法題文題字，分別是「林柏生」和「周佛海」所題，另外還有一小則戴英夫的哀悼和平運動殉難同志短文，下方刊有〈追悼殉難同志歌〉，由徐昌撰詞。

9月2日刊出的「和平運動、殉難同志追悼大會專刊」，與隔日劉吶鷗被暗殺身亡的事實形成一個強烈的諷刺與對比，專刊刊出當日，

《國民新聞》社的社長還是劉吶鷗，更
早之前，〈六藝〉版下方長期刊出「中
華日報叢書之七」，胡蘭成所著的《戰
難，和亦不易》一書的廣告，當時胡蘭
成當然也背負「漢奸」罪名。

　　這則專刊讓筆者重新思考一些問
題，從現有資料中，我們知道劉吶鷗為
人一向溫和，即使刻意隱瞞國籍，但卻
能與台灣友人、中國文友、日本同事和
平共處，在施蟄存印象中，劉吶鷗的個
性不至於小氣，對朋友也很好，他覺得
劉吶鷗雖然有好幾面，也不清楚他和日
本人之間的關係，但他認為劉吶鷗並不
願意為日本人做事，他的個性上不會做
這種事；台灣友人沈乃霖博士也提過，
小時候便覺得「燦波兄」很容易相處，
就連不小心破壞了他親自栽種的盆栽，
劉吶鷗也只是笑著說「沒關係」，脾氣
很好；在左翼影人柯靈先生的印象中，
雖然與劉吶鷗抱持不同的電影理念，但
同在「明星」共事期間，遇到時彼此也
只是客氣的點點頭，印象中雖然「軟性
電影理論」被左翼影人痛批，但劉吶鷗

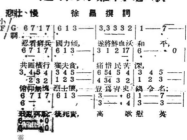

追悼殉難同志歌的風格為：
「悲壯、慢」。

並沒寫過專門批評左翼的文章。

再者，劉吶鷗遭暗殺後，許多友人、同事紛紛寫文章悼念他、闡述他的工作態度與理念，包括：黃鋼〈劉吶鷗之路（報告）：回憶一個「高貴」的人，他的低賤的殉身〉、隨初（黃天始）〈我所認識的劉吶鷗先生〉、日人松崎啟次《上海人文記》、辻久一《中國電影史話》。直到劉吶鷗死後36年，也就是1976年2月10日、11日的香港《明報》，還刊出翁靈文所寫的〈劉吶鷗其人其事〉，而黃天始未發表的手稿〈一段被遺忘的中國電影史：1937—1945〉中，也一再澄清劉吶鷗的國籍與人格。因此，或許「親日漢奸」身份，恐怕才是劉吶鷗被當時社會所不容的最大原因。

1996年5月，《明報》月刊宣稱為漢奸翻案，以「漢奸問題新爭議」為專題，試圖探索所謂「歷史的灰色地帶」，史學家除了質疑「忠奸」二分法的可靠性，並企圖顛覆傳統非黑即白的「漢奸論」，而日據時期在中國大陸的「台灣人」，其親日（或親汪精衛政府）的立場實際上亦是當時政治局勢走向的必然趨勢，個人無法選擇大環境所形成的政治氛圍，因此，劉吶鷗出生的時代注定了他的生死，他的生命也和大時代的動亂與糾葛息息相關。

隨初（黃天始）在與劉吶鷗共同經歷了「銀海論戰」、「中電」、「中影」之後，親眼見到劉吶鷗對於「藝術」的崇尚與執著，則認為其足以作為日據時代「台灣人」在追尋純藝術領域中「世界人」的範型：

　　對於中日問題，他對我說，中國人的長處和短處，以及日本

人的長處和短處我都知道得很清楚。我們要由中日文化界澈底合作，探求一種新的文化，一種能夠使中日兩國共同努力的新文化，才足以領導民眾，消弭戰爭。莫論他是中國人或日本人，他的理想是謀中日兩民族的永久幸福，或是全人類的永久幸福。他的思想言行，都是本著他的藝術良心和精神。他的死，我深痛獨裁政治的殘酷。吶鷗不是一個中國人，或是一個日本人，而是一個世界人。（隨初〈我所認識的劉吶鷗先生〉）

具新營沈乃霖博士的印象，參加劉吶鷗新營喪禮的親友人數並不多，不過從照片中我們仍可看出這是一個哀悽且隆重的喪禮，可看出靈堂被後為新營洋樓的磁磚。

　　值得深思的是，擁有開闊世界觀、和平觀的劉吶鷗，如果不曾參與1940年9月3日那場「最後的午餐」；如果中國歷史上不曾發生中日戰爭；如果聽從摯友黃朝琴的建議離開上海走避重慶；如果能說服母親陳恨讓他完成前往法國留學的夢想……劉吶鷗的生命史又會被如何改寫呢？

上海・由文而商

——多元・跨幅的藝文版圖

一、與上海文藝青年相見歡

1926年3月，劉吶鷗從東京青山學院畢業，對於接下來的動向必須有所抉擇，一直以來，由於受到長榮中學與青山學院教會式／西式開放學風的薰陶與啟發，在日本留學的6年（1920－1926）正值「大正民主時期」，自由和民主思潮風行日本，再加上他個人一向鍾情於對文學與藝術的追求，因此心中極其嚮往藝術之都——法國，在此之前，為了能夠實現去法國留學的夢想，除了本身專攻英文之外，劉吶鷗對法文的學習已經累積了一定的基礎，然而，母親卻以歐洲「路途遙遠」為理由，拒絕他前往法國的要求。

前往法國的美夢已碎，學成返鄉似乎也是一個選擇，不過，劉吶鷗又考慮到回南台灣的發展畢竟有限，以他的個性而言，雖然親族中也有一些從事民主運動的領導人物，但是由於個性的因素，留在東京參加文化抗

日活動也不是他心中所想望，因此，他考慮到親友中也有一些到中國去發展的案例，尤其同鄉兼同學的蔡愛禮離開青山學院之後，已隨大哥蔡愛仁前往上海聖約翰大學念書，另一名同鄉兼青山學院學長林澄水也被派駐在上海商社工作，因此，很可能在書信往返之間，台灣知友的上海經驗也是一股召喚的力量。

於是，劉吶鷗從日本青山學院畢業之後到有著「東方巴黎」之稱的上海，因緣際會插班進入震旦大學「法文特別班」，結識了詩人戴望舒（1905－1950），這當然是他進入上海文壇的關鍵。對於這個「法文特別班」，以及劉吶鷗和戴望舒結識的過程，施蟄存解釋得很清楚：

> 一九二五年秋到一九二六年夏，戴望舒在震旦大學特別班讀法文。特別班學習期為一年，專為各地讀英文的中學畢業生補習法文，以便升入用法文教學的震旦大學本科各系。但事實上，來這個特別班學習法文的有很多是已在別的大學畢業，打算學一年法文，預備上法國去留學的。望舒也懷著這個目的，進入特別班。在同班同學中，望舒結識了兩位朋友。一位是梁鋆立，他白天在震旦大學讀法文，晚上在東吳大學法科讀法律，還兼了中華書局的英文編輯。此人讀書勤奮，學貫中西，後來在外交界工作，很有名望。另一位是劉燦波，他自己說是福建人，其實是台灣人。此人說國語很困難，夾雜著許多閩南音。中文也很勉強，寫一封信好像是日本人寫的中文信。但他的日文日語都很好，據說他講日語，

純粹是東京話。望舒和這兩位同學，天天在一起，跟樊國棟
神父（Père Tostan）讀法文，課餘休息時，大家談文學。梁鋆
立談英美文學，劉燦波談日本文學。當時在震旦本科讀書的
有李辛陽、楊琦、孫春霆（曉村）、樊華堂、陳志皋，也都成
為望舒的好友。（施蟄存〈震旦二年〉）

　　當年戴望舒參加法文特別班，目的也跟劉吶鷗一樣，是為了要去
法國留學的，可能也因為這樣，他們之間特別談得來，而那一期的法
文特別班，是從1925年秋天開始，結束於1926年夏天。從時間上推
斷，1926年3月中旬劉吶鷗才從東京青山學院正式畢業，因此，他加
入這個法文特別班的時間，可能只有短短的三、四個月，另一個可循
的線索是，在劉吶鷗1927年的日記中曾寫著：「在陽光微搖的街上
跑，真是爽快得很，記得我初入震旦的時候，上海也是這樣的可愛，
那知多走了幾番的跳舞場就會使我變成個上海的嫌惡家，啊！願春光
春到，江南多雨！」（1927年1月6日日記）」，可推知劉吶鷗應該是在
1926年的「春天」來到了上海，時間很可能是4月份左右。
　　另一方面，透過戴望舒的引見，劉吶鷗認識了施蟄存（1905－
2003）與杜衡（1907－1964），連施蟄存和杜衡也都有到法國留學的意
願，在劉吶鷗1927年1月4日的日記中便已經記載著與戴望舒等三人一
起討論共創文學事業的計畫：

　　「談談書社及旬刊到十一點才回來」（1月4日）
　　「戴君和施君來，講了好久關於旬刊的事才別了」（1月18日）、

「飯後到天文台路去，雜誌定名《近代心》了」（1月19日）

「戴拿《語絲》來，〈初夜權〉高明恐怕不譯」（1月20日）

「寫信給朝案（按：戴望舒），叫他不要等我的稿子，並別
登載我的〈避暑地〉」（3月7日）

「看施君的短篇〈紅衫〉」（3月8日）

「接到戴君一封信，表示要我在六期發表篇東西」（3月13日）

　　由於在文藝創作上有著共同的喜好，從劉吶鷗日記裡頻繁與戴望
舒等人接觸的紀錄看來，可見得在結束法文特別班之後，他也漸漸摸
索出留在上海之後可能發展的方向，也試著加入他們的行列，把重心
放到文藝事業上。

　　劉吶鷗所結識的這群人，嚴格説來屬於五四後十年的文藝青年，
由於他們接觸了租界上海在文化、語言、商業與經濟各方面的多元特
質，以及受到西風東進時所帶來的新文藝、新思潮的種種薰陶，在語言
上有著多聲帶的特質，學習法文、嚮往法國是他們創作之外的理想，所
以他們除了創作之外，也能靠翻譯新詩、小說或理論賺取一些稿費對
於，同樣多元化且多聲帶的劉吶鷗而言，當然可説是志同道合。

　　帶著日本當代的新文藝、新感覺、新思潮、新興文學來到上海，
由於語言的便利性，劉吶鷗與這群文藝青開始進行日本文學方面的交
流與互動，我們仍然可以從根據施蟄存的回憶中找到一些線索：

　　　劉吶鷗帶來了許多日本出版的文藝新書，有當時日本文壇新
　　　傾向的作品，如橫光利一、川端康成、谷崎潤一郎等的小說，

文學史、文藝理論方面，則有
關於未來派、表現派、超現實
派，和運用歷史唯物主義觀點
的文藝論著和報導。在日本文
藝界似乎這一切五光十色的文
藝新流派，只要是反傳統的，
都是新興文學。劉吶鷗極推崇
弗里采的《藝術社會學》，但
他這喜愛的卻是描寫大都會中
色情生活的作品。在他，並不
覺得這裡有什麼矛盾，因為，
用日本文藝界的話說，都是新
興，都是尖端。共同的是創作
方法或批評標準的推陳出新，
各別的是思想傾向和社會意義
的差異。劉吶鷗的這些觀點，
對我們也不無影響，使我們對
文藝的認識，非常混雜。（施
蟄存〈最後一個老朋友〉）

劉吶鷗（右一）手上抱著的，是二女劉
玉都，穆時英則坐在劉吶鷗後面。黃天
始（左一）後面的人是劉吶鷗妻子黃素
貞，黃素貞前頭抱著二子劉航詩。

戴望舒與施蟄存等人，透過劉吶鷗的轉
介，初步接觸了同步發展的日本文學，
甚至日後因此結集成同人文學社團，興

起一波短暫的「新感覺風」，當然，在新感覺派創作技巧與觀念上受到啟發最深的、作品創作量也最多的人，應該是後來加入他們的「新感覺派聖手」穆時英（1912－1940）。

二、新感覺派第二代

　　1976年1月12日、13日，翁靈文發表於香港《明報》上的文章〈劉吶鷗其人其事〉中寫著，劉吶鷗曾經笑著對朋友說：「橫光利一是新感覺派第一代，他自己是第二代，穆時英是第三代，黑嬰是第四代。」我們可以從劉吶鷗的這句「戲言」，找到劉吶鷗自我歸屬與定位的文學流派——「新感覺派」。

　　劉吶鷗樂於接受當時由日本新感覺派作家所帶動的文藝思潮，日本的新感覺派肇始於1924年，就在那一年的4月份，他來到東京青山學院就讀中學部，1923年4月從中學部畢業，繼續在青山學院高等部文科就讀，進入大學階段主修「英文學」且愛好各國文藝的劉吶鷗，正好迎上這群日本作家在文壇積極活動的階段，也實際閱讀、接觸他們的創作。

　　這群新起作家，當時先在菊池寬（1888－1948）創辦的《文藝春秋》中嶄露頭角，此後以橫光利一（1898－1947）為首，結集了有著同人性質的文學社團，創辦《文藝時代》同人雜誌並展開了新感覺文學運動。橫光利一與川端康成（1899－1972）兩人有著「新感覺派雙璧」的封號，同時，一般文學史家認為新感覺派屬於日本第一批現代派。日本著名評論家千葉龜雄（1878－1935）在讀了這群作家的作品之後，

於1924年11月號出刊的《世紀》雜誌
上，發表了〈新感覺派的誕生〉一文，
他認為這群作家的文學創作，遠比以往
表現出來的任何感覺藝術都新穎，無論
在語彙的使用，或是詩作的韻律與節奏
感，均十分生動，肯定新感覺文學運動
與作品的創新意義，這也是「新感覺
派」命名的由來。

　　從劉吶鷗1928年9月出版的翻譯日
本小說《色情文化》「譯者題記」中，
我們知道他對當時日本文壇的一些關
注與認知，他提到：「現代的日本文壇
是在一個從個人主義文藝趨向於集團主
義文藝的轉換時期內。牠的派別正是複
雜的：有注意個人的心境的境地派，有
掛賣英雄主義的人道派，有新現實主義
的中間派，有左翼的未來派，有象徵的
新感覺派，而在一方面又有像旋風一樣
捲了日本全文壇的『普洛萊達利亞』文
藝。」此外，在簡略提到眾多的日本當
代文學流派之外，劉吶鷗特別提到他的
文學觀——「文藝是時代的反映」，他
甚至認為新感覺派是唯一一個能夠將時

劉吶鷗所翻譯的《色情文化》，書中的
副標題為——「日本小說集」，1928年
9月由上海第一線書店出版，譯者屬名
「吶吶鷗」，充滿都會風氣的封面，則
是出自於劉吶鷗之筆，JAZZ、大樓、
女性、汽車、酒、舞動的男女等，都是
他個人小說都會生活的寫照。

代的色彩和空氣描繪出來的文學流派。

　　至於由劉吶鷗所引介的這些日本新感覺派作家，在文藝思潮上的風格與特色，劉吶鷗也向讀者做了一些說明：「譯者在這兒不得不另說一聲的就是這裡所譯幾個人的文章。他們的文章是不是屬于正統的日本文的。他們的文章是根據于現代日本的生活而新創出來的。他們雖然像現代的日本文化的大半是舶來的一樣，未免也有些舶來的氣味，但是在明敏的讀者看起來，對于他們不但不感覺難澀，反而覺得他們新銳而且生動可愛。關于這層我只好讓讀者自己去鑒賞就是了。」（《色情文化‧譯者題記》）他特別提到當時「日本文化」大部分來自於「舶來」，實際上跟日本1920年代初期的經濟危機、社會動盪有關。

　　一九一四年第一次世界大戰結束以後，歐洲所面臨的慘狀是：殘破的城市、荒涼的街景……，西歐知識份子面臨災後重建的危機，由於戰後的亂象，使得詩人不再信奉主義，於是歐美便興起了現代派，其中包含憤怒、心靈空虛、反對戰爭，厭倦現實生活和都市文明的情緒，這時期在文學上也出現了否定藝術與生活之外一切意義的「達達主義」（Dadaism），而「未來派」（Futurism）則肯定資本主義為城市與工業帶來的新變化。無獨有偶的，1920年代初期的日本，也發生了不可預期的重大變化，1923年9月1日，發生了芮氏規模高達7.6級的關東大地震，此天災為當時的日本社會帶來物質與精神上的雙重損害，也讓1923年4月才進入青山學院高等學部近半年的劉吶鷗，面臨校舍毀壞、被迫停課的命運。

　　大地震之後毀壞的城市景觀、人心錯愕與徬徨，如同經歷世界大戰般的混亂、蕭條與必須重組，環境的變遷讓日本作家們有感而發，

一切要從「新」開始是他們的基本理
念，他們的訴求是一種小說創作手法的
革新運動，尤其在第一次世界大戰後，
物質文明迅速發展，人們要以感官的，
包括視覺、聽覺的官能來認識世界、表
現世界，也要重視感性的訴求，採取直
觀來把握事物的表現，因此，他們主張
追求新的感覺，以及採用對事物的新的
感受方法，給予現實精美的加工，在創
作上則主張要打破日語日常用語的習
慣，結合不同性質的句子，創造新的文
體，刺激讀者的感覺。

1923年關東大地震之後的青山學院校園。

　　與普羅文學不同的是，日本新感
覺派作家們認為，藝術家的任務是描寫
人的內心世界，而非僅停留於表面的現
實，同時，新感覺派也認為文學的象徵
遠比現實重要，必須改變一切舊的傳統
形式，主張進行文體改革和技巧的革
新。一般日本文學史家認為，雖歸類為
新感覺派作家，不過不同作家的創作仍
各有特色，舉例而言，他們認為橫光利
一是從理智的感覺出發，川端康成是從
感情的感覺出發，而中河與一及片岡鐵

兵等人，則是強調神經感覺的意義和享受。因此，當西風東漸，達達主義東移來到關東大地震後的東京，日本當代作家們便興起「新感覺運動」作為對於城市文明的反動。

日本新感覺派自1924年發跡，在1925年至1926年之間的發展達高峰，此一期間劉吶鷗正好於東京留學，生活中的事物不外乎課業、音樂、文學與藝術，透過大量的閱讀，劉吶鷗受到當代日本文藝思潮的衝擊，1927年開始，日本文壇由於無產階級文學運動的蓬勃興起，片岡鐵兵、今東光等作家紛紛轉向左翼文學，而新感覺派運動中的主要作家橫光利一、川端康成兩人，則傾向於新心理主義式的創作，至於中河與一等作家，則主張形式主義，更隨著《文藝時代》於1927年4月的停刊，日本新感覺派的活動正式宣告結束。

若我們說「上海新感覺派」是台灣人的上海製造，其實一點也不為過，原因是，劉吶鷗擔任了這個文學流派「承先啟後」的重要角色，1926年3月，劉吶鷗結束青山學院的學業後，隻身來到了上海，結識了戴望舒、施蟄存與杜衡等人，開始將這些來自東洋的文藝思潮推介給這群文友，日本新感覺派的創作理念與技巧概念是西方的「舶來品」，不過創作內容是東洋的，同樣的，劉吶鷗雖引介了日本新感覺派的技巧與創作理念，不過秉持著「文藝是時代的反映」的文學觀，上海新感覺作家的作品，所展現的是都會上海的城市風貌。

且看穆時英〈被當作消遣品的男子〉中1931年的上海，以及當時上海男女的對話：

「你讀過《茶花女》嗎？」

「這應該是我們的祖母讀的。」

「那麼你喜歡寫實主義的東西嗎？譬如說，左拉的《娜娜》，朵斯退益夫斯基的《罪與罰》……」

「想睡的時候拿來讀的，對於我是一服良好的催眠劑。我喜歡讀保爾穆杭，橫光利一，崛口大學，劉易士——是的，我頂愛劉易士。」

「在本國呢？」

「我喜歡劉吶鷗的新的藝術，郭建英的漫畫，和你那種粗暴的文字，獷野的氣息……」

真是在刺激和速度上生存著的姑娘哪，蓉子！Jazz，機械，速度，都市文化，美國味，時代美……的產物的集合體。可是問題是在這兒——

「你的女性嫌惡症好了吧？」

「是的，可是你的消化不良症呢？」

「好多啦，是為了少吃小食。」

「1931年的新發現哪！女性嫌惡症的病菌是胃病的特效藥。」

「可是，也許正相反，消化不良的胃囊的分泌物是女性嫌惡症的注射劑呢？」

　　若1927年《文藝時代》的停刊宣告日本新感覺派的解散、橫光利一新感覺時代的結束，那帶著這個文藝思潮到上海繼續推廣與將之發揚光大的劉吶鷗，的確如他自己所言，可稱為「新感覺派第二代」。

三、先翻譯後寫作

在結束實驗性旬刊《瓔珞》之後，施蟄存和杜衡在那年秋天也進入震旦大學法文特別班，晚了劉吶鷗和戴望舒一年，不過因為發生了戴望舒和杜衡的被捕事件，再加上局勢不定，他們的法文課只上了一個學期便停課，為了走避上海草木皆兵的政治局勢，他們選擇暫時離開上海，那段時間，僅能聚集在施蟄存松江老家的廂樓上，把廂樓當成一個「政治避難所」，另一方面，他們開始嘗試翻譯外國作品，把自己當作是「文學工場」裡的翻譯機，這段時間，促使這群文藝青年透過翻譯的方式接觸了更多的外國文學。

劉吶鷗與這群文藝青年暢談日本當代文學，戴望舒則談論法國與其他西方國家的詩歌，為了使得他們心目中所謂好的文學作品不會受到語言的區隔，因此，翻譯各國文學的計畫成為他們的重要工作，根據施蟄存的回憶：

> 我們閉門不出，甚至很少下樓，每天除了讀書閒談之外，大部分時間用於翻譯外國文學。記得最初的幾個月裡，望舒譯出了法國沙多布里安的《少女之誓》，杜衡譯出了德國詩人海涅的《懷鄉集》，我譯了愛爾蘭詩人夏芝的詩和奧地利作家顯尼志勒的《倍爾達‧迦蘭夫人》（〈最後一個老朋友—馮雪峰〉）

至於劉吶鷗是何時開始從事文學翻譯工作？目前最確定的資訊，由他所翻譯的日本小說《色情文化》是1928年9月出版的，不過，有一些線索可以找到更接近的答案。

　　第一個線索是，他在1927年1月18日的日記裡寫著：「戴君和施君來。講了好久關於旬刊的事，才別了。一、小刊物的名字。二、譯初夜權的一件。三、譯現代日本短篇。四、譯日本名著。五、多做小文字。六、畫畫圖。」顯然這六項重點摘錄，是劉吶鷗個人要負責處理的部分，就在半個月前的1月3日，劉吶鷗晚上還在「練習國音會話」，可知當時與戴望舒等人溝通時，的確如施蟄存所說的，處於國語發音困難的階段，甚至寫一篇文章好像日本人寫的那樣，因此他們鼓勵他「多做小文字」，並且從翻譯劉吶鷗個人所知的日本名著著手，另一方面，我們也知道劉吶鷗有繪字繪畫的才能，這跟日後他自己畫招牌、畫封面可以作為印證。

　　第二個線索是，1927年1月20日的日記裡又寫著：「戴拿《語絲》來，〈初夜權〉高明恐怕不譯。」高明在施蟄存和杜衡後來編輯的《現代》裡，翻譯了許多日本文學作品，也在《現代》中介紹過日本作家，很可能表示戴望舒當天告知這個訊息的作用，是希望劉吶鷗能夠接續高明不要做的翻譯工作，原本兩天前劉吶鷗只需要翻譯其中的一件。

　　第三個訊息是，劉吶鷗在1927年3月7日「寫信給朝案（按：戴望舒），叫他不要等我的稿子，並別登載我的〈避暑地〉。」直到現在，我們並沒有看到劉吶鷗發表過這篇作品，況且當時劉吶鷗正在學習「國語」，也還特別定了一年份的《小說月報》要讓弟弟帶回去東京學「中文」，再加上施蟄存對劉吶鷗當時的印象，還停留在「說國語困難」的狀態，因此〈避暑地〉不太可能是一篇創作，比較可能的是一篇翻譯之作。

第四個訊息是，1927年9月28日，劉吶鷗和戴望舒有一趟北京之旅，在1927年10月24日的日記中，劉吶鷗寫著：「同老戴到北海去，再續譯〈描在青空〉。」這表示小川未明的〈描在青空〉這篇小說的翻譯，劉吶鷗之前已經進行了一部份，而且很可能在幾次討論之後，劉吶鷗陸陸續續進行日文翻譯的工作，直到數量足夠且時機成熟時，才結集出版了《色情文化》，而事實上，〈描在青空〉的確也是《色情文化》的其中一篇。

　　以這幾個線索來推斷，劉吶鷗必當也是這個「外國文學分工翻譯計畫」的成員之一，主要的工作則是負責翻譯日文名著及日本當代短篇小說，只不過他工作的場所不在施蟄存松江家中的「文學工場」，而是在上海旅居，在北京的途中，很可能也在返鄉的途中，在滯留東京期間，一句「再續譯〈描在青空〉」提供我們許多的想像空間，他個人的翻譯工作必當也是在認識這群文友之後才開始的，時間上推斷應該是在1926年下旬到1927年初之間。

　　為了要讓翻譯的作品能夠順利出版，戴望舒等人也和光華書局接洽《文學工場》發刊事宜，想要把翻譯及他們的創作放在這個刊物上，不過，等到刊物排版工作完成後，卻因為書局老闆沈松泉覺得內容過於激烈而不得順利推出，事實上，《文學工場》出版計畫的停擺，也是促使劉吶鷗願意出資成立第一線書店的主要原因，一些夭折於《文學工場》的作品，此後亦便被陸續發表在他們的兩份同人刊物上。

　　翻譯是劉吶鷗學習中文和進入文壇的暖身工作，在完成《色情文化》的翻譯之後，他才開始展開個人的小說創作生涯，他的第一

本，也是唯一的一本小說集《都市風景線》，出版於1930年4月，這本小說集裡所收錄的小說，大部分是曾經發表在他們的同人刊物《無軌列車》和《新文藝》上面的，可見得他是先做實驗性的翻譯之後，再透過累積了一段時間的創作經驗與數量之後，才出版個人小說集。

劉吶鷗小說集《都市風景線》於1930年4月出版，封面也是他自己所設計的，鎂光燈打在風景（法文）上面，標榜都市風格與文化。

四、雜誌編輯／藝文事業

「秋！秋！靈魂的秋！哀惑的秋！」（1927年9月4日日記）

1927年秋天，是劉吶鷗決定是否繼續留在上海發展的關鍵時刻，原本在東京等著家裡寄來往上海的旅費，在劉吶鷗的眼裡，哀惑的秋，讓劉吶鷗浮現對於過去、現在與未來的思考，早已完成青山學院的課業，亦結束上海震旦大學的法文特別班課程，無法前往法國，回台南又不見得有發展，心中很想好好的衝刺一番屬於自己的事業，旅居上海

期間，曾與施蟄存、戴望舒密集的討論著「書社和旬刊」計畫，卻因為政治局勢的動亂不安，以及返台奔祖母喪而延宕至今。

自從5月下旬從台南奔祖母喪之後來到東京，生活不外乎讀書買書、逛逛銀座、練練法文、打打棒球，甚至想聽拉典語課卻又蹺課，也不乏在課堂上打瞌睡的經驗；會見親友，像是到青山學院找劉啟祥，一起聽唱片，與劉啟祥二姊夫陳端明一起上上館子，同台南同鄉周詩演看看電影、晃晃舞廳，寫信寄往南方（1927年6月4日）談談未來的計畫與動向。

即使留在東京，仍是無所事事，於是劉吶鷗開始寫信與家人溝通前往中國（上海）的事（1927年6月28日），寄信通知施蟄存自己下半年的行動，沒想到竟然能得到母親的允許，於是他嚮往著「將來的地——上海」（1927年7月12日），好友蔡愛禮來自南國的信件亦告知八月份將赴滬上課，於是在9月10日，劉吶鷗終於回到上海，從東京的秋天，來到上海的秋天。

到達上海，先找個安身之處，從暫居的旅館搬到余慶坊一七七號，等蔡愛禮來到上海再做打算，另外，就是「寫信給松江施君」（1927年9月11日），接著印名片，「施君覆信說現在在松江當中學教員，上海不來了。」（1927年9月15日）然而，也因為施蟄存的引見，認識了葉秋原——「現在在申報編輯部，也在上海藝術大學教書」（1927年9月18日），此時對於文藝事業相當有興趣的劉吶鷗，才過了兩天，便熱情的親自登門拜訪葉秋原：「下午去三馬路申報館找葉君秋原，在五樓，風景很好，談了兩個多鐘……」（1927年9月20日）。當然，一直以來，劉吶鷗的嗜好之一，也包括與人談談文藝、聊聊創作。

1928年夏天，由於先前已經累積了一段時間的上海生活體驗，劉吶鷗似乎更肯定上海是他「將來的地」了，於是他不再只是與朋友合租小小的空間，也不需要暫住台灣友人家中，更不用短暫投宿「東亞旅館」，而是在上海虹口江灣路六三花園旁租了一棟單間三樓的小洋房，打算定居下來，再等適當時機將妻小也一起接過來。

余慶坊位於上海虹口區，此區多半聚集日僑民，當時劉吶鷗曾短暫寄居余慶坊一七七號陳先生（陳清金）住處，日據時期的公園坊、余慶坊、林肯坊，便是劉吶鷗台灣友人聚集之處，像是黃朝琴、林伯奏等。

有了固定的住所，他開始積極邀集戴望舒等人到他的住處，更深入的討論著未來文學事業的規劃，洋房的一樓是客廳，劉吶鷗自己住二樓，三樓是寬敞的閣樓，而好友戴望舒便住在三樓，等到施蟄存從松江來會合時，也暫居於此，根據施蟄存回憶，此時劉吶鷗尚未攜家帶眷，不過卻請了一個女佣在家裡燒飯、洗衣、看顧房子，由於女佣操著閩南語口音，施蟄存猜測這名女佣是劉吶鷗從家中帶來的。

這群文藝青年在劉吶鷗江灣路的洋樓定居下來之後，一開始，他們每天的生活並不是十分積極，通常早上在屋裡

若短暫投宿，劉吶鷗往往選擇位於法租界的「東亞飯店」，而不是一般日僑民喜愛的「東和洋行」之類的旅館。

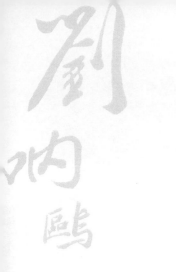

聊天、看書、寫文章、譯書，午飯後接著午睡。下午三點，他們便到「虹口游泳池」去游泳，接著到四川北路吃冰消暑。晚餐後的行程更是精彩，七點看電影，結束後進舞廳跳舞，玩到半夜才回家，這就是他們的一天。

不過，劉吶鷗此行來到上海，並不只是想過這樣的日子，在東京他便可以過著悠閒的生活，訪友、聽音樂、看電影、到書店買書、逛舞廳跳舞便是他常做的事，不過他更希望上海是他「將來的地」，所以他曾在1927年日記中反省著自己在上海過著「白相」的生活，說自己放蕩、無所事事。此外，1927年在上海住院期間，台灣友人楊朝華（台灣雕塑家楊英風之父）便曾經來醫院探望他，在當天日記中他提到，楊朝華在大連做生意很是發展，可見劉吶鷗是帶著「事業心」而來的，總希望能在上海闖出什麼來。

這樣的日子過了一段時間，可能是因為之前《文學工場》出版計畫的夭折，讓劉吶鷗興起自己編雜誌的念頭，

根據熊月之主編《老上海名人名事名物大觀》，「虹口游泳池」又稱「第二游泳池」或「工局部游泳池」，位於虹口公園北部，也就是今日的東江灣路500號，該游泳池於1922年8月14日正式啟用，禁止華人入內，1924年增建酒吧間、機房及亭閣，1928年對外開放，中外人士一視同仁，成為上海最早且唯一的公用泳池。林文月在散文中也提過，大哥和二哥被允許到「虹口游泳池」去，自己卻只能想像的回憶之作。

於是他主動提議：「我們自己辦一個刊物罷！寫了文章沒有地方發表，只好自己發表。」（施蟄存〈我們經營過的三個書店〉）關於同人雜誌的屬性與內容，劉吶鷗當時的想法是：沒有一定的方向，有什麼文章就登什麼文章。

另一方面，從發展事業的角度看，一心想在上海發展的劉吶鷗，當然自認有足夠的財力來參與這個競爭高淘汰率也高的文學市場，於是同年九月，由他個人獨資，邀集戴望舒、施蟄存一起創辦了「第一線書店」（1928年9月－1929年1、2月間），並創辦同仁雜誌《無軌列車》，雜誌的封面是劉吶鷗自己設計的，第一線書店位於中國地界，地址是：北四川路橫濱橋東寶興路口142號。就連門口的招牌，招牌也是劉吶鷗親手設計並掛親自上去的。書店開幕時，僅出售《無軌列車》創刊號，雜誌出刊後，劉吶鷗發表了第一篇小說〈遊戲〉，而由他所翻譯的日本新感覺派小說（橫光利一等人的創作）《色情文化》，也在書店開幕後出版。

劉吶鷗等人所編的《無軌列車》為半月刊，由上海第一線書店出版，1928年9月10日發行，至12月25日停刊，共八期。《無軌列車》的封面是劉吶鷗自己設計的，在第三期的編後記裡提到：「新聞紙說柏林、北平、上海間將有航空路了，地球的一切是從有軌變無軌的時間中……」「無軌」的概念其實是一種城市進化論，劉吶鷗之所以如此命名這雜誌，是希望人們可以像圖中的人一樣，可以走在地球的另一端。

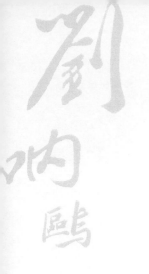

劉吶鷗等編《新文藝》，半月刊，上海水沫書店雜誌部出刊，1929年9月15日創刊，至1930年4月15日停刊，共出過八期。該封面的設計以電影聚光燈的放射為主體，可見劉吶鷗對於文學與電影的雙重喜好。以上為《新文藝》的創刊號及廢刊號書影。

　　沒有固定方針與主義崇拜信仰的《無軌列車》，似乎接近第一次世界大戰後，羅馬詩人們聚集於咖啡屋裡所談論的「達達」（DaDa）一樣，沒有任何意識型態與特定方向，或者如日本1923年關東大地震後，日本作家在重建社會體制與結構過程中對於「新感覺」的刺激與「新興文學」的渴望。

　　然而，由於不按牌理出牌的無軌方針，以及書店開幕時並不清楚申請營業登記的細節與手續，開幕不久之後即有警察前來巡察，由於所有補登記的手續都沒有獲得回應，第一線書店因有宣傳赤化嫌疑而被迫停業。

　　1929年9月，水沫書店開業，施蟄存提到：

　　水沫書店是劉吶鷗、戴望舒和我合作經營的一個小出版社。當時我們都是文學青年，年少氣盛，想介紹一點外國文學，也想自己創作一點文學作品，每天總得動動筆頭。可是積稿

甚多，總是很不容易找到肯為我們印行的出版商。一賭氣，我們就自己辦起一個出版機構。劉吶鷗出錢，我和望舒出力，我們勞資合作，首先印了我們自己和朋友的創作，定名為《水沫叢書》。二年之間，印出的詩集有望舒的《我的記憶》和姚蓬子的《銀鈴》，小說集有劉吶鷗的《都市風景線》，我的《上元燈》和徐霞村的《古國的人們》。（施蟄存〈戴望舒詩集全編〉引言）

1929年誕生的水沫書店，在經營方面顯然比第一線書店剛開業的時候順利得多，在「水沫叢書」裡，出版了五種屬於他們的同人刊物：（一）戴望舒詩集《我的記憶》、（二）徐霞村小說《古國的人們》、（三）施蟄存小說集《上元燈》、（四）姚蓬子詩集《銀鈴》、（五）劉吶鷗小說集《都市風景線》。此外，預計出版的「現代作家小集」系列與「新興文學叢書」，均屬於外國文學作品的翻譯，此外，「科學的藝術論叢書」也發行了五種，劉吶鷗所翻譯的《藝術社會學》，也是仕水沫書店出版發行的。

然而，先後經營了兩年的書店，劉吶鷗所投入的資金已超過上萬元，但水沫書店的營運卻因應收帳款的回收困難而出現問題，劉吶鷗向同人們表示無法再繼續投入資金，因而整個出版業務呈現萎縮狀態，再加上當時上海在政治環境上的複雜，國民黨上海市黨部正策劃著查禁進步書刊，封閉某些書店，《新文藝》因而停刊，但「科學的藝術論叢」卻視為宣傳赤化的出版物，於是在被查封前，書店自行宣告停業，相關帳目則併入東華書店。

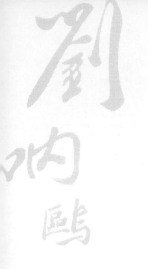

劉吶鷗所翻譯的《藝術社會學》，原作者是俄‧弗里契，屬於水沫書店「馬克思主義文藝論叢I」，在水沫書局時期，施蟄存認為大家的思想都是偏左的。

開設東華書店，是因為劉吶鷗等人打算改變經營方向，預計出版一些大眾刊物與書籍，但書還沒出，就遇上了淞滬抗日戰爭，閘北烽火連天，北四川路上秩序大亂，於是劉吶鷗遷入法租界，從此之後漸漸將重心轉向電影界。

五、純粹電影作者
──心靈坐著沙發椅

熟悉劉吶鷗的朋友都知道，他畢生的最愛就是電影。就連劉吶鷗最小的兒子劉漢中先生，也記得在新營老家中曾經放了許多跟電影有關的書籍，他知道父親最喜歡和電影有關的事情，更早之前，他曾經認為父親當初就是為了電影才到上海的，這麼多年來，《永遠的微笑》手稿也是由他所保下來的，直到2005年「劉吶鷗國際研討會」時，他才將劇本手稿捐給國家台灣文學館。

1998年3月30日，筆者曾經透過陳子善先生的引薦，拜訪劉吶鷗文友施蟄存，施先生在第一次受訪時曾提到：

「劉吶鷗向來喜歡做跟電影有關的事，他喜歡看拍照啦！電影啦！」、「劉吶鷗愛看電影，外國片他是全看的。」

事實上，劉吶鷗喜歡的德國「UFA」電影，開始於第一次世界大戰初期，由於當時德國電影工業在德國境內與國際上的地位表現遜色，當時德國境內大部分電影院皆放映美、法、義大利、丹麥的電影，再加上當地的片源不足，即使當時在美國及法國地區分別禁演德國片，但德國卻無法禁演這些國家的影片，為了改善自己的電影環境、提高電影市場競爭力，另一方面也要打擊進口影片、開放政令宣傳片，德國政府在1916年開始關注電影工業、支持電影工業，在表現主義的基調下，除了禁止外片進口之外，1917年俄國大革命後，為了宣揚戰爭思想遂開拍戰爭片，並與deutsche Bank合作成立了UFA（Universum Film Aktiengesellschafts），UFA的成立雖然免不了凸顯政治上的目的，但它卻迅速控制了整個德國電影市場，也同時

劉吶鷗《永遠的微笑》劇本手稿，有關部分劇情的草擬，以及劉吶鷗所查到相關法律的資料，是寫在上海「New Asia Hotel」的信紙上的，「New Asia Hotel」即為今日上海新亞大酒店。

上海新亞大酒店建於1934年，樓高9層，位於上海虹口區天潼路422號，此為劉吶鷗喜愛吃廣東菜的地方，也常與好友相約於此。

掌控了戰後的國際電影市場。

　　德國UFA電影的背後，有著強大資金作為後盾，因此有能力及財力建造全歐洲設備最好、最新的片廠，1918年世界大戰末期，在政策上，軍事政宣片逐漸減產，電影工業集中生產三種影片類型，包括：（一）20年代前已享譽國際的一系列冒險片，劇情融合間諜、偵探與異國情調。（二）與「性」有關的主題，像是性的剝削，同性戀、嫖妓的題材。（三）模仿戰前義大利具有高度藝術的史詩電影。德國UFA電影在1924年以後漸漸走入美國好萊塢式的風格，得以在市場上與美國片競爭，甚至模仿美國劇情片，漸漸失去表現主義的精神。施蟄存認為劉吶鷗喜歡德國UFA電影，不過在現有的資料中，無法得知他看過哪些德國UFA的電影，只知道他1927年在上海看了一些外國片。

　　劉吶鷗常常在日記中記錄著個人很主觀的看電影心得和感受，從1927年日記中的記載，我們知道他那一年看過哪些美國片，舉例而言，9月23日，劉吶鷗拜訪以前的室友丘瑞曲，他們先一起去福祿壽吃點心，之後「再去北京大劇院看影戲，Dorothy Dallion的『Law of the Lawless』很好，Charles的『從軍夢』也妙」，「Law of the Lawless」中文譯名為「盜亦有道」，1923年6月在美國紐約上映，1924年12月28日在芬蘭上映。

　　9月25日：「三點半去戈爾登戲院看Joan Crawford的『Paris』，寫Apache的愛情，很切入微。」該片1926年5月24日在美國上映，1927年在1月31日芬蘭上映，這部片的女主角，就是劉吶鷗所推崇的外國女星之一，他曾在郭建英主編的《婦人畫報》中發表過一篇〈現

代表情美造型〉，其中所舉例的女明星之一，就是「瓊・克勞馥」（Joan Crawford）。

不過，劉吶鷗並不是全然推崇美國電影的，我們可以從他日記中的其他記載得知，1927年1月2日，他在上海卡爾登戲院（Carlton）看了一部美國片「Sinneres in Silk」，這是一部愛情片，1924年9月1日在美國上映，1925年9月在德國上影，1926年1月18日在芬蘭上映，至於劉吶鷗則是在上海看了這部片：「到聖約翰找愛禮，同他到白克路林家尋鎖匙，後來去Carlton看『Sinners in Silk』—譯名父子同戀—在美國貨中是從來找不到的好東西……」（1927年1月2日）一句「美國貨中是從來找不到的好東西」也暗示了他心目中對於多數美國電影的評價。

Joan Crawford（瓊・克勞馥），1905年3月23日出生於美國德州，1977年5月10日於美國紐約逝世。劉吶鷗在1934年6月8日的《婦人畫報》上，便以她為例子，說明何謂「現代表情美」。

再者，12月28日：「去戈爾登看Conrad Veidt的A man's Past。取料還新奇，卻沒有詩……」這部片1927年10月1日在美國上映，上海幾乎是同步放映的，不過劉吶鷗批評這部片裡沒有

Great Garbo 於1905年9月18日生於瑞典，1990年4月15日在美國紐約過世，此為電影《大飯店》劇照，刊登於劉吶歐所編的《現代電影》。

「詩」，所謂的沒有「詩」，大概就是指「史詩電影」，也就是指電影的藝術性。

　　至於劉吶鷗另一名推崇的女明星，則是Great Garbo（嘉寶），Great Garbo和Charles Chaplin（卓別林）並稱為「不朽的好萊塢傳奇」，她在影壇上有著獨一無二的巨星地位，她是唯一一個跨越默片時代的王牌女星，在37歲的即毅然息影，引得好萊塢上下一片惋惜。1927年的《肉與魔》的光影效果使她被尊為「銀幕女神」；1930年的《安娜·克裡絲蒂》是她的第一部有聲電影，難得的是她從無聲片階段跨越到有聲片時代，劉吶鷗曾經在《現代電影》介紹過的Great Garbo

　　1931年，劉吶鷗因「九一八」事變遷居法租界，也開始有更多機會接觸電影界，再加上1932年水沫書店毀於「一·二八戰火」，於是他將重心由文壇轉入影壇，將主要工作轉向電影事業，他開始從事專業的電影評論，舉例而言，他所寫的〈影片藝術論〉曾連續刊載於

《電影周報》，他的電影專論，已不再只是發表簡單的「影戲漫想」而已。

　　他也開始從電影理論的摸索與探討，轉型為實際影片的拍攝，他跟著由黃漪磋所領隊的劇組人馬，到廣西實地拍攝《猺山豔史》，這部片由楊小仲導演，藝聯影業公司（簡稱「藝聯」）出資，有關「藝聯」的組成，一種說法是由黃天始與黃漪磋合組，也有另一個傳言是，「藝聯」是由劉吶鷗所投資的電影公司。

　　1933年10月1日，「藝聯」於《現代電影》第一卷第五期打出「藝聯三部曲：黑將軍、猺山豔史、桂遊半月」將於「首都大戲院」放映的廣告，不過似乎只有《猺山豔史》上映而已，其他兩部寫著「不日上映」，因此，隨著《現代電影》的落幕而不了了之。

　　就現今可以掌握的史料中得知，劉吶鷗曾經帶著「攝影機」回台南新營拍攝家庭V8，看得出來當時因為「攝影機」非常的新奇，因此親朋好友紛紛到劉家來「上鏡」一番，包括裹小腳的

《猺山豔史》號稱「破中國電影界二十年來之紀錄」、「中國影業的一條生路」，在《現代電影》中，不斷的被打著廣告，很可能這些「繪字」也是出自於劉吶鷗之筆，該片於9月1日於上海新光戲院上映。

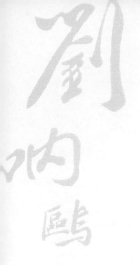

「阿媽級」的人物，從影像中可看到家人、親人紛紛出現的影像，他們背後的場景正是新營洋樓，因此從帶回「攝影機」的角度來看，劉吶鷗投資電影公司的說法也不無可能。

　　劉吶鷗所留下的九點五釐米影片，由他的外孫林建享發現並搶救下來，經過一番修復後，目前由台北電影資料館收藏。《持攝影機的男人－人間卷》中紀錄著劉家居家生活點滴，場景包含新營火車站景觀、家人與長輩人物影像，《持攝影機的男人－遊行卷》則紀錄了早年民間廟會祭拜遊行。

　　此外，紀錄片中還拍攝了一些不連續的片段影像，包含劉吶鷗弟媳搭乘輕航機起飛的畫面、軍隊爆破的場景，以及與好友戴望舒等人出遊，甚至是一些類似試鏡女明星的影像，這兩部片曾經在1998年9月參展「1998台灣國際紀錄片雙年展——台灣紀錄片回顧影片」，目前則是被收入「台灣當代影像：從紀實到實驗」系列的15片DVD之一。

「藝聯三部曲」包含《黑將軍》、《猛山艷史》、《桂遊半月》。廣告上寫著：「《黑將軍》根據莎士比亞名著改編，情節悲壯、背境宏麗」、「《桂遊半月》為考察旅行文化距片，建設名片，盡入鏡頭」。

1933年3月，劉吶鷗與黃嘉謨等人合辦《現代電影》，於是他開始發表一連串的電影專論，如：〈Ecranesque〉、〈中國電影描寫的深度問題〉、〈歐洲名片解說〉、〈論取材：我們需要純粹電影作者〉、〈關於作者的問題〉、〈電影節奏簡論〉等，有了一份專屬的電影雜誌，劉吶鷗算是正式向電影界進軍。

《現代電影》的問世，也讓當時中國電影界展開了一場激烈的「軟硬電影論戰」，也造成了左翼影人的強烈攻訐，1933年7月在《現代電影》於第三期〈編輯的話〉中提到：「本期在開始籌辦的當兒，炳洪為著替老太爺祝壽趕回香港，吶鷗僕僕於閩滬之途不知忙點什麼，嘉謨回到廈門，在《華僑日報》大過其總編輯的癮，編輯室的空氣頓時沈寂起來，幸賴各方朋友的幫忙和小眾同志的努力，本期尚能依時出版……」這表示7月前後，劉吶鷗往返於閩滬之間，當然也可能劉吶鷗家庭V8便是在這段期間所完成的。

《現代電影》（Modern Screen）於1933年3月創刊號出版，編輯群包括劉吶鷗、黃嘉謨、陳炳洪、吳雲夢、黃天始、宗惟賡等六人，該刊1934年6月停刊，共出七期，由現代電影社出版發行。創刊號即以女星阮玲玉為封面人物，阮玲玉於1910出生，1935自殺身亡。

《現代電影》第六期於1933年12月1日出版，封面女郎為女星艾霞，1912年出生於天津，1934年服毒自盡。

藝聯公司公司力捧新星——李玉真，該片並沒有上映，也可能影片並沒有完成，從現有的電影資料庫中，也找不到與李玉真有關的影片。

1933年12月，在《現代電影》第六期中又記載，該期未出刊前，劉吶鷗與黃嘉謨已動身到廣州，率領「藝聯」影業公司滬粵二地的男女演員拍攝新片《民族兒女》，導演編劇工作由二人負責。

1936年6月，劉吶鷗編導了《初戀》，這是一部愛情片，大致的內容如下：

青年詩人柳湘與表妹秦麗玲從小青梅竹馬，雖然秦麗玲喜歡表哥，但表哥卻與鄉下姑娘小玉相愛，為了逃避感情痛苦，柳湘進城求學，小玉在父親逝世後到柳家幫忙料理家務。柳湘父母發現小玉有孕，便以其行為不檢點而將她趕出家門。大雨之夜，小玉在馬廄下生下柳湘的兒子。柳湘回家後不見小玉，思念成疾，為給兒子沖喜，柳湘的母親讓他和表妹麗玲結婚。因思念小玉，青年婚

後病倒了，而表妹麗玲為了要搶救自己的丈夫，便四處尋找小玉的下落，等到小玉來到青年面前時，青年已經奄奄一息，最終病亡。

這部影片的主題曲，是作曲家陳歌辛從戴望舒詩作〈有贈〉改編而來的：

> 我走遍漫漫的天涯路，
> 我望斷遙遠的雲和樹，
> 多少的往事堪重數，
> 妳呀！妳在何處？
> 我難忘妳哀怨的眼睛，
> 我知道妳的沉默的情意，
> 妳牽引我到一個夢中，
> 我卻在別個夢中忘記妳！
> 哦！我的夢和遺忘的人！
> 喔！受我最祝福的人！
> 終日我灌溉著薔薇，
> 卻讓幽蘭枯萎！

更早之前在1935年，劉吶鷗便與黃天始一起進入「明星」編劇科，劉吶鷗此時的主要工作是寫《永遠的微笑》劇本，《永遠的微笑》也是一部文藝愛情片，由吳村導演，胡蝶和龔稼農主演，在劉吶

鷗劇本手稿裡，也留下了一份故事大綱，內容如下：

　　　　那是N城的春天。歌女虞玉華同她的伴侶在郊遊作樂之後，就坐上馬車，回家。那時已經是黃昏。車走不到一會，忽的壞了，輪盤脫落了一隻。於是一班人不得不下車，悶坐於荒郊路上。

　　　　馬車夫何啟榮是一個壯大的青年。他忙著手腳，很想把車子修理好，但總是沒有辦法。他很焦急著。玉華又迫著他說她非得馬上回家不可，因為她有很要緊的事，已經約好人家在家裡等著她。因此啟榮便案出了一策。他放棄了車子，拉出馬來，不管玉華的反對不反對，強把她扶上了馬，他自己也跳上去坐在她的後面，飛也似的，奔回家裡去。被留下來的同伴們看見了這種情形當然個個都目瞪口呆。

　　　　玉華被送到了家裡的時候，因馬跑得太快了，一時失去知覺。她睜開眼睛，看見蹲伏在她身邊的啟榮。她微笑著，一邊向他道謝，一邊心裡覺得這青年啟榮的確很是可愛。啟榮看見玉華已經恢復了知覺，也就放心，默默地上馬回原路去。可是他卻不曉得他口袋裡一本法律的函授講義已經掉在玉華手裡了。

　　　　由這個遺留品玉華知道了啟榮的名字，同時還曉得他是一個讀過書，好求上進的有為青年，更加增加了愛惜之念。

　　　　啟榮本來有父親。他父親自己有著車，有著馬，天天在外頭拉客帶他們到各處去遊玩去。他們的生活雖然很是困

苦，但父子倆兒還能勤儉，稍為有點積蓄，因此啟榮也得在中學畢了業。可是在啟榮中學畢業的那一天，父親竟死了。於是啟榮便不得不輟學，求職找生活費。職業結果難得找到，啟榮隨決意學了他的父親暫時當做馬車夫，每天賺幾個錢，藉以維持生活。他一方面仍想求上進。在工作之餘，他還函購了一些自己所喜歡的法律關係的書籍來沈讀著，預備將來有了機會仍繼續求學去。

玉華自從那天以後覺得青年啟榮的幻影不時都在她眼前旋轉著。她想念著他，很希望能夠再見他一面。在街上行走的時候，她總是留心注意那些來來往往的車夫們的臉部，但結果沒有一個像是啟榮的。

有一個晚上，玉華下台之後，因受透亮的月光和涼爽的夜氣的引誘，獨自跑到公園去散步。在公園的後門口有條較深的河，河上有著橋，橋邊有著柳樹。她站在橋樑邊看著水底的月光，無疑地她的心是懷念著青年啟榮的。正在這時候背後忽的有人開聲問她要不要坐馬車。她回頭一看，那馬車夫恰巧就是這幾日來她遍處找不到的啟榮。這時玉華當然是喜出望外。又碰著了玉華，啟榮也為之嚇了一跳。玉華微笑著，點頭表示要坐。但當啟榮下來開好了車門，好讓玉華坐進去的時候，玉華卻先自跳到車夫的席上去。

玉華告訴啟榮說她知道他的名字，他的好學，隨後便由皮夾裡拿出那一本函授講義來還給他。她還問他的身世。啟榮起先不大肯說，但是到了後來，當玉華表示她有意思資助

他繼續讀書的時候，啟榮便馬上高興著，頓時覺得好像這身邊的女人實在是很可以親愛的。玉華提議到啟榮家裡去討論一切，啟榮贊成，就很起勁的帶了她回家裡去。

極度樸素的一家，玉華很喜歡啟榮家裡的一切。她說她愛幽靜的氣氛，說假若她能夠離開一切虛華世界，過著跟啟榮一樣素樸的生活，一定可以很幸福。是晚，他們的計劃議定了之後，玉華就在啟榮家裡宿了一夜。

翌晨，天明時啟榮就把馬和車和一些零星的物品交給鄰居們去看管，或借給他們用。他先束好了裝，催醒了玉華，簡單地吃了頓早飯，就匆匆忙忙地趕到火車站，出發求學去了。玉華覺得像這樣的離別實在太苦了，可是她心裡頭卻重新有了光明的希望。自此以後玉華所得的錢一部份就供給啟榮做為學費。

玉華本來就寄居在表叔羅匡家裡。這羅匡也差不多就是她的管理者。她每個月所收到的包銀一部份是要給他拿去的。羅匡的人，壞到也不見得，不過他愛錢如命，只要是錢，好像什麼事都可以幹的。有錢他就高興，沒有錢他就發脾氣。他娶了一個後妻名字叫新珠，前身也是歌女。新珠是個厭舊歡新的角色，對於丈夫羅匡總有點不滿意的地方。她於是暗暗地另與一青年王伯生私通著。某次，她瞞著玉華說她母親病危在鄉下，想回去看一看，要向她借幾個錢。玉華動起同情心，便拿出應該寄給啟榮的錢，給了她。結果新珠是跟男人私奔了。這件事很使羅匡生氣，因為他誤解是玉華

私自給了他們盤費。

羅匡的前妻留下了一個兒子，叫少梅。少梅年已十八歲，還在讀書。少梅很能親昵玉華，差不多把玉華當做親姊姊，有什麼事都跑來問她的意見。同時玉華也很愛著他的聰明。他能夠到學校裡去讀書也是玉華竭力央求著他父親纏得成功的。

羅匡另外還有一個養女雪芳，年紀很青，也是歌女後補，羅匡差不多把她看做一棵未來的搖錢樹似的，極度寶貴著，另一方面還嚴格的督促著她學習曲子。

雪芳同少梅名義上雖是兄妹，但是並沒有血統上的關係，他們互相戀愛著。玉華也有點知道了他們。她勸少梅努力讀書，不要去幹那些大人們幹的事，但少梅同雪芳反而對她表示他們的真愛情。新珠去後，羅匡夜裡性慾發現，將雪芳以污辱抵抗後，經少梅救之，玉華給錢讓少梅與雪芳逃走。

有一天家人終於發覺了少梅帶著雪芳逃走了。玉華也發覺了自己箱裡的一點錢給人偷去了。箱裡留著一張條子。那是少梅的筆跡。他說錢是他帶走了，他覺得環境太壞了，不得不另找新路，希望她不要生氣，還能夠仍舊疼愛他們，祝他們前途的幸福。

這一回表叔羅匡氣壞了，他恨玉華，恨她不應該有錢給他們偷了去。他說，雪芳，他的希望是走了，他一輩子要靠玉華吃飯了。

一方面玉華自有了啟榮之後對於捧客每每吐露著冷淡，同時因市面的不景，包銀也就漸漸地減少了，而用度卻還是照樣。她一方面要供給啟榮的學費，一方面又要維持場面，覺得極度困難，終於一點小小的積蓄都用光了。她所有的首飾也一樣樣的跑進當鋪裡去。

一晚，正在束手無計的時候，忽又接到了啟榮來的一封信，請求給他寄一些很需要的款子。玉華沒奈何只得搜羅了一些零星的物品及衣類跑到一家熟識的當鋪去。當鋪主人程照平常很捧玉華的場。他老早就有野心於玉華。當時看見玉華親自來臨，便恭敬地延入內房，慇勤招待並詢問來意。結果玉華缺用的數額是太多，而所有的抵押物品又太薄弱了。他說款子是可以給的，不過有一個交換條件，就是玉華的身體。

在無可奈何的當兒，玉華終於受了程照的汙辱，同時得到了款子。可是禍卻就在門口頭等著她。原來羅匡自新珠及雪芳少梅等相繼偷走了之後，恨玉華之心愈加深切，加以生活窘迫隨生惡心，這晚就預先伏在暗路上，等著玉華出來的時候，拿出一把利刀來恐嚇著，搶光了她所懷帶的錢。這時玉華的心痛是可想而知的。她憤怒之餘，疑是程照與羅匡串同的計劃，馬上拾起羅匡遺下來的一把刀，奔回程照臥室去殺程照，在掙扎中程照竟死在刀鋒之下。玉華在銀櫃裡抓去一些錢，不動聲色地逃出來。

這慘案翌晨才被發覺。警察四處追尋著犯人甚為緊迫。

　而玉華已是一個亡命者了。她屢次想趁（按：應為「乘」）火車，去找啟榮，但終未得成功。她改裝流落鄉下各處。自此啟榮方面也就杳然沒有消息了。這樣過了好些時候。

　　一方面啟榮就到了S市，入法科大學，中途參加檢定考試及格，再參加司法官考試又及格，終在S市任了候補推事。可惜當玉華逃亡至S市，好容易探到了他的住址的時候，恰巧又值他被榮任到N城地方法院做檢察官去了之後。

　　大失望的玉華至此隨不得不又拖著沉重的足步潛回N城去。就在N城的車站內，玉華終被緝獲，羈押於拘留所。

　　在翌晨的早報上看見了這消息的檢察官啟榮的狼狽和悲痛是可想而知的。他痛恨天公之惡作劇，哀痛他們的命運。他急激地跑至拘留所會見了別後三年的愛人和恩人玉華。感覺著運命和身世的淒涼，他們終於在所內抱頭痛哭。啟榮對玉華說他沒有權利審問自己的恩人，但玉華不許應，她說她甘願受他的審問。她又說她的培養他不是為要他做一個懦怯者，而是希望他能夠做一個勇敢的，盡責任的人物。

　　開庭的那天，啟榮終以檢察官的地位列舉犯罪的事實並提示證據，另以凌烈的論調向法官請求嚴厲處分以做效尤。但是他中心卻苦了。

　　當首席推事對被告宣讀最後判決定「無期徒刑」完畢的時候，也即是歌女虞玉華垂死的時候了，因為她預先服過了毒物。

　　在尊嚴的法庭上，抱著垂死的愛人，啟榮大哭著。玉

《永遠的微笑》（1936年10月開拍）
導演吳村與胡蝶合影，此照片收藏在
劉吶鷗的相簿裡，劉吶鷗於照片背後
寫著：1936年：明星出品，劉編劇，
「永遠的微笑」導演：吳村、女主
角：胡蝶。

「永遠的微笑」拍片現場：電影演員胡
蝶、龔稼農與工作人員，此照片收藏於劉
吶鷗的相簿裡。

華不要他哭。她說做人須勇敢
一點。她叫他學她無論在什麼
境遇都能夠微微的笑。她微笑
著，啟榮也勉強跟之微笑。於
是玉華才安了心似的瞑目了。

玉華死了之後，啟榮覺得
好像失去了生存價值似的，精
神上非常的痛苦，終於決意
自殺。他徘徊橋邊，追想著過
去的事，正想跳下水去，忽然
看見玉華倩影，蕩漾水面，向
他搖著頭作微笑狀，他頓然醒
覺，於是收拾了自殺之念，發
奮向上，以謀報玉華。

1937年1月，《永遠的微笑》在上
海新中央、中央和新光三家一流戲院上
映，明星公司對此片也投入空前規模的
宣傳，該片為胡蝶與潘有聲結婚後所拍
攝的第一部影片，也是胡蝶個人在明星
公司所拍攝的最後一部片，當時只要是
由胡蝶所主演的影片，幾乎是票房的保
證，據當時明星公司人員透露，《永遠

的微笑》光是在「南京」上映的票房便賣到五萬元,可說是締造了高票房紀錄。

　　劉吶鷗特別喜愛文藝片,從他1927年日記中的觀影記錄便可略知端倪,由他實際編寫劇本的兩部上映電影,也的確都是以愛情文藝為主要題材,從這兩部左翼影人口中所謂的「軟性電影」得知,劉吶鷗對電影的見解與認知,與當時上海左翼影人的觀點非常不同,左翼影人認為電影只是一種宣傳與教育的工具,必須為社會大眾服務,而劉吶鷗比較重視電影在藝術與娛樂方面的表現,因此藝術性與票房都必須考量,尤其在於電影所承載的教育意義,左翼論者將電影視為社會關懷、教化社會大眾的工具,而劉吶鷗等人卻堅持提倡電影具有娛樂大眾的積極效果,對於電影的意義,套一句黃嘉謨被左翼影人攻擊最嚴重的一句名言:「電影,是眼睛吃的冰淇淋,心靈坐的沙發椅。」

　　筆者1998年4月3日在上海復興西路訪問柯靈(1909－2000)先生時,問到他對於「軟性電影」的看法,他提到:

> 劉吶鷗他之前寫文學主張,電影則是寫軟性電影的主張,這個事情客觀的講,他們(軟性電影論者)最出名的兩句話,不只是說說,而是在一篇很長的文章中寫出來的,就是電影應該是「眼睛吃的冰淇淋,心靈坐的沙發椅」,現在來看這兩句話,稍微片面說來也沒有什麼錯。(筆者訪談錄音,1998)

可見得劉吶鷗等人在電影方面的主張與實踐，只是因為眼光前衛、看法獨到，走向「先行者」孤單的道路罷了。

至於劉吶鷗個人所提出的電影見解中，最具爭議性的說法，應該是提出「生意眼」的論調，事實上，劉吶鷗等人的「軟性基調」，才真正符合了阿諾德‧豪澤爾中對電影藝術的詮釋：

> 在工作疲倦之後，踏進影戲院去，享受一兩小時間的貢獻。我要讚歎，我要歡欣。在我前面這塊方形的白布中，包含了整個世界，從東半球一直到西半球，從外表一直到內心裡——內心，一齊都從這塊白布中表現出來。（阿諾德‧豪澤爾《藝術社會學》）

電影之於劉吶鷗所產生的實際作用，的確就是放鬆心靈的娛樂消費，而1928年在《無軌列車》的〈影戲漫談〉系列裡，劉吶鷗便提出電影的確有作為觀眾娛樂消費與身心放鬆的特質與使命。至於電影觀眾在群體環境中進行消費活動，這一命題本身則象徵著「生意眼」的概念，當觀眾出於一種滿足自己精神需求的共同目的，從各個方向走進同一家影院時，這一群體在觀看影片的過程中其心靈的流動已跟隨著影片由始至終，因此，電影的確是一種消費活動。即使連左翼影人如柯靈先生，在受訪時也漸漸認同了劉吶鷗的看法：

> 那時候很流行「生意眼」這個話，指的就是商業化，從電影看就是電影有沒有生意，現在的說法是電影賣座不賣座。左

翼認為電影是個教育工具，對群眾應該要使廣大的群眾受到
影響，感化群眾，不過這種情況各個時期也不同，那個時期
夏衍他一定排斥這種說法，但是到了全國一解放後，夏衍是
領導，他對電影的主張就不是這樣主張了，民營電影只要是
白開水，沒有毒就可以。因為這種事情不好處理，講究「生
意眼」其實就是反對革命文學、革命電影，是政治性，但是
現在電影一定要講生意嘛，你不講生意，拍電影的老是賠
錢，那還有誰要去拍電影，主要是這樣，左翼也是講生意，
他拍一部電影其實也是要觀眾來看，但是他的重點不是放在
生意，雖然他也需要生意，但主要是教育，宣傳左翼思想。
現在看，你說「讓眼睛吃冰淇淋，心靈坐沙發椅」，功利看
來也沒有錯，只是當時的目的是要反對左翼電影理論，是
「針對性」的提出來。電影不應該說教，電影應該當「冰淇
淋」、「沙發椅」，這是針鋒相對的。（筆者訪談錄音，1998）

　　重視票房本身並沒有錯，時至今日，有哪一部好萊塢影片或院
線片不重視票房？劉吶鷗等人不願意電影淪為工具，因此提倡電影本
身的娛樂性、消費性，如同他對文學的意見與創作，也更重視文學的
純粹藝術性、創新技巧性一些，這與中國傳統文學所強調，文學應走
向「文以載道」或「獨抒性靈」的異質道路一樣具有高度爭議性，這
兩大系統儼然是懸殊之途，劉吶鷗在文學上重視創作技巧，偏向純粹
文學、重視藝術性的基調，在電影方面所提出的基調則是從「娛樂事
業」與「大眾消費」的角度出發，電影具有工業消費品的特徵，可以

歸入被稱為「娛樂產業」的商業範疇內，劉吶鷗認為，在新興藝術電影的偏好與走向，除了應該重視「取材」外，應有「純粹電影作者」並強調「影片美學與藝術」，其立場亦符應於黃嘉謨的「消遣娛樂品＋藝術綜合＋教育與宣傳利器＋文藝靈魂與科技骨骼的藝術結晶」：

> 電影不祉是一種消遣品。他是藝術的綜合——包括著文藝，戲劇，美術，音樂，以及科學——電學光學等。形成一種現代最高級的娛樂品。同時也是最普遍的教育和宣傳的利器。她以文藝思想為靈魂，科學機械為骨骼。是這二十世紀新興藝術的結晶。（黃嘉謨〈「現代電影」與中國電影界〉）

劉吶鷗曾經告知「中電」同事黃鋼，有關他對「電影」的想法：

> 他常常許願於未來「純粹藝術的地」，「自由的」電影製作。對於國家文化事業的前程，有時也不免擺出輕視的，非熱愛的嘆息。……人們談起現今國內文藝出版界……「我從來不看那些雜誌……」劉說。……理由是：這些人的藝術事業，都沾染上了政治。（黃鋼〈劉吶鷗之路（報告）之三：回憶一個「高貴的人，他的低賤的殉身」〉）

對於「純粹藝術」的嚮往，期望能「自由的」創作電影，的確是劉吶鷗來到上海的最終目的，自1926年到1940年這段期間，劉吶鷗在影壇上的確能編、能導；在文壇上也能一手寫小說，一手翻譯外國作

品;在雜誌事業中,則是一手管理書店,一手又能編輯、出版文藝刊物⋯⋯用現代的角度來理解,這些事業都是所謂的「文化產業」,他不斷的出資投入文化工作,相信除了個人對於文學與藝術的嚮往之外,想要為純粹藝術奉獻,想要真正闖蕩出一翻事業,想要締造一片新天地,恐怕也是他離鄉背井最主要的目標罷!

新感覺・探索「劉燦波」

一、新文藝日記・1927

　　非常獨特的現象是，目前僅留下來的劉吶鷗日記只有一本，也就是1927年一整年份的日記，其餘的時間劉吶鷗是否也寫日記，至少目前沒有資料，但根據他每天勤於讀書、勤於記錄的模式來判斷，他應該一向保持著寫日記的習慣，事實上，包括他的好友施蟄存，一直到晚年，依舊天天書寫日記。

　　筆者1998年3月拜訪施蟄存先生時，他坐下來的第一件事情，就是要求訪客先把姓名寫給他，以便他在日記中記錄當天誰來拜訪過他，完成碩士論文之後，大約每隔一、兩年，只要筆者有機會到上海去，必定攜帶補品去探望他，通常他會慢慢的移動，直到坐在客廳會客的椅凳上，他會帶著一小疊寫有「華東師範大學」的空白信紙，接著便請家人倒來玻璃杯裝的熱開水，記得筆者第一次到訪時，一不小心把水打翻了，那時他仍十

分健談，特別開玩笑說：「這水一打翻，我就記住你了，你下次來的時候，就說你是台灣來的，還把水打翻的那一個。」當天我帶了劉吶鷗1927年日記的影本，他表示不知道劉吶鷗也寫日記，對於劉吶鷗留有一整年的日記感到意外，也不知道1927年劉吶鷗跟戴望舒一起去了一趟北京，還故意面帶嚴肅及神秘的質問筆者：「那劉吶鷗是怎麼寫我的？」接著他說：「他說去了北京就是去了嘛！他寫日記當然比較有根據，那就是我記錯，他寫的日記當然不會有錯。」

此後，筆者便按照陳子善先生的交代，必須等到中午過後才登門拜訪施蟄存先生，由於沒有預約制，完全採用那招「不請自來」，直接上二樓去喊人，每次登門拜訪，筆者總是以「打翻水的那一個」做為自我介紹的開場，不過補上姓名仍是必要的動作。

記得《劉吶鷗全集》於2001年3月出版之後，我們寄了一套給施蟄存先生，同年6月筆者去上海參加研討會，研討會結束後仍登門拜訪他，這也是筆者最後一次見到他，施蟄存先生躺在床上，也不再與往年一樣使用筆談的方法，先寫下姓名給他，他看了之後點點頭，便親切的握著筆者的手，只簡單說了自己身體健康已經漸漸走下坡，沒辦法再寫信，希望筆者回台灣後，若有機會就幫他把他的健康情況告知台灣的學者。當天還問過他收到《劉吶鷗全集》沒有？他說收到了，問他看了沒，他也說看了。

施蟄存先生勤於寫日記，記下訪客姓名的習慣，與劉吶鷗1927年日記中的模式大致相同，劉吶鷗住院期間，會記錄誰來探病，談了什麼內容，也會記錄與誰去看電影，電影內容如何，甚至吃了那類的佳餚，向朋友借支多少錢，也會一一寫明，與施蟄存的習慣非常接近。

另一方面，從1927年日記的內容看來，就算劉吶鷗少數例外的沒在當天寫日記，過一、兩天也一定會補記，還特別註明補記的日期，只可惜就目前我們只能見到劉吶鷗1927年的日記，藉由這份私密的史料來探索他當時的內心世界。

劉吶鷗留下來的日記本，是「東京新潮社」出版，大正十六年的「新文藝日記」，這是一本精緻的「日記書」，形式有點接近今日的「作家筆記書」。

劉吶鷗1927年新文藝日記封面。

在每月日記之前，會有半版放一位日本作家的日記，比如七月份一開頭，便有「藤森成吉」的七月份日記，包括7月10日、7月11日、7月12日、7月14日四天，八月份則是錄有日本作家「芥川龍之介」的8月27日日記，另半版則是「泰西文藝畫譜」，第二頁的上方約三分之一欄，會有一位當代日本「作家語錄」（作家の言葉）下方約三分之二欄，則放著多位作家的短文、小品文。七月份是「菊池寬」語錄，八月份則是「久米正雄」語錄，每月日記後，則有

「每月の讀書」，比如「七月の讀書」，欄目包含「題目、書名」、
「筆者、著者」、「所載雜誌、發行社」、「讀後感」四個欄位。

全年日記結束後，附有「知友一覽」，欄目包括：「住所」、
「電話其他」、「姓名」三個欄位。接續有「購書記錄」，接下來是
「新文藝日記附錄」，是大正十五年的「文藝年鑑」，內容目錄為：

大正十五年文壇概觀
（1）小說壇の一年……………………………加藤武雄
（2）戲曲界の一年……………………………中村吉藏
（3）評論壇の一年……………………………木 村 毅
（4）詩 壇の一年……………………………川路柳虹
文壇一年史
現代文士錄
現代作家年齡表
文藝雜誌編輯者一覽
同人雜誌編輯者一覽
新聞社文藝部員一覽

劉吶鷗習慣在瀏覽過的內容、作家簡介、作家名稱或作家資歷上
畫線做紀錄，附錄結束後，接下來的半版是「懸賞小品文、詩、短歌
募集」，另半版是回條，讀者可以把對於這本日記的希望和感想沿著
「切取線」撕下來，寄回「新潮社」。

接下來是版權頁，上面資料包括：發行所為「新潮社」，編輯
兼發行者為「佐藤義亮」，大正十五年十一月三日印刷，大正十五年
十一月十日八行，定價壹圓。

最後附有書籍的廣告，包含「長篇小説」、「短篇小説」、「戲曲書類」、「感想小品書類」、「詩歌書類」及「泰西名詩選集」、「泰西戲曲選集」、「翻譯書類」、「作法書類」、「講話書類」、「辭典書類」、「文藝入門叢書」、「名作選集」等書籍的簡介與價格。劉吶鷗習慣在個人有興趣書名上方打（√），也會參考這些廣告和推薦內容來購書，舉例而言，他在烏崎藤村的《嵐》、里見淳的《多佛心》（兩冊）及谷崎潤一郎的《現代情痴集》上方打了（√），而這幾本書在他每月讀書欄裡的確曾出現過，可見劉吶鷗的確是同步吸取與接受日本當代「新文藝思潮」的洗禮。

二、交友與交遊

1927年前後，與劉吶鷗年齡接近的台灣知友，部分在東京求學，部分在中國大陸就學，而年齡較長者，也有些親友在中國大陸各地區工作，劉吶鷗出生於柳營，成長於新營，不過由於他念小學時，新營還沒有成立新營公學校，因此他必須到台南鹽水去念鹽水港公學校，因而認識一些住在南台灣其他地區的同學，如嘉義、高雄地區，而他中學所念的長老教中學校，位於台南市，因此他也會認識一些住在其他南台灣，或者其他台南縣市區域的同學，甚至是信仰基督教或不信仰基督教的友人，再加上柳營劉家是一個大家族，其中近親、遠親、姻親之間關係牽涉廣泛，因此他熟識的親友並不少。

柳營劉家人一向有赴日求學的風氣，因此在東京念書時往往會互相照應，一些經濟能力許可的中學同學，也和劉吶鷗一樣採用「轉

學」的方式繼續追求高等學歷，或到中國就學，或到日本念書，所以在東京、上海期間，劉吶鷗與台灣同鄉、家族舊識往來頻繁，一般交際與應酬雖屬難免，在問學、求知方面亦有相當的熱忱。

隨著劉吶鷗1927年日記的出土，我們有更完整的線索考察其人脈之間的互動與往來，身為柳營劉家望族的一員，其往來的對象中不乏當時或光復後對於台灣文學與文化，甚至政治、經濟、歷史有著深刻影響的重要人士，尤其從日記後「知友一欄」的列名，我們更容易掌握這些人的背景。

另外，由於劉吶鷗赴日求學六年，在東京青山學院分別就讀過中等學部和高等學部，所以他也會交往到日本同學，念大學時，劉吶鷗是班上唯一的台灣人，不過，難得的是，在他畢業之後回到東京時，還會跟大學同學聯絡，有時見面，有時寫信，當然，他也認識一些來自台灣其他地區，但同樣到青山學院就學的朋友，他所交往的朋友，也隨著區域性的差異和認識場合的不同而有所區別，我們可將他的朋友簡單分為三類：「台灣知友」、「上海文友」和「日本同窗」。

1、台灣知友：

> (1) 劉瓊瑛（1907－1961）劉吶鷗的大妹，1917年4月至1922年3月就讀新營公學校，畢業之後嫁給台南市人葉廷珪，婚後前往東京，就讀上野高等女學校，1927年正在東京求學，並與夫婿葉廷珪住在巢鴨。

> (2) 葉廷珪（1905－1977）：出身府城世家，早年前往日本求學，1920年4月至1925年3月讀目白中學校，1925年4月至1927年3月就讀明治大學預科，1930年3月自大學法學部畢業後，

再入明治大學研究部研究憲法
兩年之後才回台，1935年在州
庄選舉中當選台南市議會民選
議員，之後出任「東亞信託株
式會社」社長、「興南工業株
式會社」社長等職，二次世界
大戰後，葉廷珪當選台南市參
議會議員，1950年12月角逐
台南市第一屆民選市長時高票
當選，成為台南市歷史上第一
個黨外市長，不久後便加入中
國國民黨，1952年12月26日
曾接待過胡適，1957年，當選
第三屆台南市長，1960年6月
2日任期屆滿，卸任後，受聘
為台灣省政府顧問。1964年三
度當選臺南市市長，1968年6
月2日任期屆滿卸任。

(3) 劉啟祥（1910－1998）：與
劉吶鷗同樣來自柳營劉家，
1917年4月至1923年4月讀柳
營公學校，之後再讀高等科
一年半。劉吶鷗在日記中常

劉吶鷗（中）、葉廷珪（右），可能
拍攝於1925年左右，拍攝地點未知。

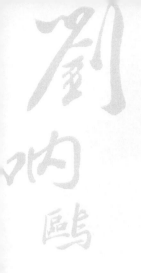

提到「阿啟」，便是指劉啟祥，1927年時，劉啟祥和劉櫻津都在東京青山學院念中學部，3月自中學畢業。1928年4月，考入東京文化學院美術科。1930年9月，《台南風景》入選東京的二科會，次年首次參加第5回台展，作品《持曼陀林的青年》、《札幌風景》獲入選。1932年隨畫家楊三郎（1907－1995）同赴法國學習美術，1933年入選巴黎秋季沙龍的少女坐像《紅衣》，1935年秋劉啟祥返台並參展9回台展，作品《倚坐女》獲入選。

(4) 劉櫻津（1909.4.18－1940.11.23）：劉吶鷗的弟弟，1917年4月－1922年3月就讀新營公學校，1922年4月考上台灣總督府台南中學校（1914年設立，兩年之後，更名為台南州立台南第一中學校，戰後再改名台南二中），

1939年，劉櫻津到上海探望劉吶鷗，以及將過繼給他的劉漢中。劉櫻津於東京上智大學畢業後，想要到德國去念書，母親陳恨同樣以路途遙遠為理由阻止其前往，她的妻子楊氏家族中有親人到東北去發展，因此在劉吶鷗紀錄片中，可以見到劉櫻津和妻子楊藍菊到奉天、長春的影像。

修業三年後，於1925年轉入東京青山學院中學部，1927年3月
12日考完中學畢業考之後，於3月18日到上海找劉吶鷗，4月初
返日就學，1927年4月－1933年3月在東京上智大學，主修「德
國文學」，劉吶鷗在日記中提到的「阿津」，就是指劉櫻津。
劉櫻津著有〈文學與現實生活〉一文，曾刊登於新營公學校創
立二十週年紀念誌（1931年）。

(5) 周詩濱（1907－？）：柳營富農周黃忠次子，1924年3月28
日於新營公學校畢業後，前往日本京都中學就學，後轉入東
京青山學院，1935年經營撞球場並擔任社交舞教師，劉吶鷗
1927年日記中記載去青山找「詩濱」或與「周君」卜舞廳跳
舞的記載亦多，周詩濱於二次世界大暫時被日本政府徵往中
國大陸擔任日軍通譯員約三、四年之久，後因胸部疾病返台
療養並病逝於柳營。

(6) 黃朝琴（1897.10.25－1972.7.5），台南鹽水港人：1908年4月
至1914年3月，就讀鹽水港公學校，1915年4月到東京插考
某中學二年級，1917年3月中學畢，1917年4月進入早稻田
專門部、大學部，1923年3月畢業於經濟科，在日留學期間
曾與友人創辦《台灣民報》。1925年加入中國國民黨，赴美
攻碩士，於1926年獲得美國伊利諾州大學政治學碩士。其後
前往中國大陸，1927年與妻子住在上海，1928年起入中華民
國外交部僑務局服務，歷任亞洲司科員、科長，駐舊金山、
加爾各答總領事。1945年以外交部駐台特派員兼任台北市市
長，為戰後首任台北市長。1946年任台灣省參議會議長。此

外，1947年起出任台灣第一銀行董事長，先後擔任台灣銀行常務董事等要職。黃朝琴第一任妻子郭佩雲（1902-？），是福建同安人，曾就讀東京虎之門高等女學校、美國伊利諾州立大學畢業，黃朝琴與郭佩雲結婚時在東京上野「精養軒」宴客，郭佩雲曾在《台灣民報》上翻譯賀川豐彥的〈兩個太陽輝耀的台灣〉，也擔任過金陵女子高級中學第二屆董事。

(7) 郭建英（1907-1979）：福建同安人氏，其父郭左淇曾任中國駐日公使館二等秘書，姊姊郭佩雲是黃朝琴的第一任妻子。1931年畢業於上海聖約翰大學政經系，隨即進中國通商銀行任秘書。1934年主編《婦人畫報》，擅長漫畫插圖，也參與劉吶鷗等人的新感覺派創作，主要專長為小品文創作、日文譯作與雜誌插圖，1935年轉向，赴日擔任中國駐長崎領事館領事，1940年兼上海安達紗廠董事，蘇浙皖紡織同業公會委員，1948年來台發展，歷任第一商業銀行副理、經理、協理、總經理等職，共達廿七年之久，1979年，郭建英在台灣國泰租賃公司董事任上謝世，陳子善先生編有《摩登上海：三十年代洋場百景》一書，收錄《郭建英漫畫集》與集外的小說插圖。雖然郭建英不是原本設籍台灣的台灣人，不過由於劉吶鷗1927年認識他應該是透過黃朝琴的關係，因此筆者將他歸類在台灣知友，實際上他的角色是橫跨劉吶鷗的「台灣之友」和「上海文友」之間。

(8) 陳端明（1902-？）：台南東山人，後遷往新營，畫家劉啟祥二姊夫。1916年4月至1920年3月在台中高等普通科（台中

一中前身）就讀，其後前往東
京深造，先後在明治大學政治
科及上智大學哲學科肄業，
1922年1月20日曾發表〈日用
文鼓吹論〉於《臺灣青年》，
1926年自東京攜日本東、西
洋畫家及雕刻家作品300－
400件，展於博物館，台灣教
育會主辦。根據劉漢中教授指
出，陳端明是劉吶鷗在台南時
最能討論文藝的對象。

(9) 沈榮（1904.11.1－1975.11.4）：
台南新營沈家人，為沈乃霖
博士之兄長（詳見《新營市
志》），1915年4月至1920年
3月就讀鹽水港公學校，1920
年4月至1925年3月就讀台中
一中，1925年4月至1927年3
月在東京日本大學念預科（二
年制），1927年4月至1930年
3月就讀日本大學本科的法學
部。劉吶鷗1927年4月15日記
中記錄著，在返台船中遇到沈

1934年，郭建英擔任《婦人畫報》
主編時，劉吶鷗偶而也在上面發表
文章，郭建英也幫劉吶鷗小說〈殺
人未遂〉、〈綿被〉畫了插圖。

榮，當時沈榮將歸台結婚。

(10) 陳清金（1904－1982.12.11）：高雄州燕巢人，本名陳文彬，1921年3月自高雄燕巢公學校畢業後，考入台中一中（五年制），與沈榮同學。1924年因學潮關係而離去台中一中，轉往大陸求學，9月進入成立未久的上海私立法政大學肄業一年，隨又前往東京，考入法政大學社會學科，於1931年3月畢業。三○年代曾於上海教書，1946年返台，擔任建國中學首任校長，因二二八事件於1949年赴大陸，後來成為傑出的語言學家。

(11) 楊朝華（1901－1992）：宜蘭市人，原名朝木，後改名朝華，為雕塑家楊英風父親。1915年3月自宜蘭公學校畢業，1923年8月，翁澤生、洪朝宗、許天送、鄭石蛋等十餘人聚集大稻埕江山樓，更在8月12日召開「台北青年會」成立大會，推舉林野為常任幹事，會員170多位，總督府認為思想過敏且有民族自決傾向，便再次取締禁止結社，取締的結果讓蔣渭水等人轉入地下傳播社會革命思想，原班人馬重組為「台北青年同志會」、「台北青年體育會」，選出楊朝華為常任幹事，鄭石蛋、陳世煌、童琴為幹事。翁澤生、楊朝華、鄭石蛋等人，於1923年9月25日以淡水河上泛舟，舉行以「觀月會」為名的會議，並聯絡文化協會蔣渭水、王敏川等人成立了「台北青年讀書會」，推舉許天送為常任委員，鄭石蛋、潘欽德、林佛樹、楊朝華為委員。1924年4月2日以台北青年讀書會成立紀念日，再召開淡水河泛舟會議，1926年

又泛舟召開定期總會，蔣渭水等台北的青年知識份子起初是30餘人，後來增至全島的200人以上，都成為堅強的左派運動者，楊朝華也是當時的積極份子之一。其後前往大陸東北經商，頗為成功，1940年代曾在滿州國奉天城內的之光陸電影院擔任經理，1943年楊朝華接手「大光明戲院」（原西單劇場，是北京西城區一所有著進八十年歷史的老劇場），重新開業，開業後的「大光明」影、戲兼營，1944年，更是將電影放映機賣掉而專營戲劇，1945年後，由於情勢動亂，楊朝華放棄大光明赴日本。楊英風曾提過，父親楊朝華與母親陳鴛鴦在大陸東北、北京兩地經商，約3年才回台一次，因此他將思母之情寄念於宜蘭的明媚山水，至13歲時才與父母親團聚。在劉吶鷗1927年2月12日日記中，提到「晚上愛仁攜著楊君朝華來，五年來不見的故友！我可不驚嗎？啊啊！見了人，想起很多往事。他現在在大連，很是發展，此次是路經上海，找上來觀玩的。不幸我不能離病床。」

(12) 翁博村（1908－約1950年代）：根據義竹文史工作者翁炯慶先生提供的資訊得知，翁博村是義竹翁氏望族，屬義竹翁氏17世孫，屬7世濱溪公房下11世元彬裔孫（參閱1964版翁氏族譜），明治41年（1908年）7月31日生，1922年5月10日時寄留「台南州台南市東門田丁4丁目70番地」，1924年5月15日，寄留「台南州台南市後甲423番地」，1925年12月4日搬遷，翁博村是日治時期義竹第一任庄長的庶子，童年在今義竹鄉六桂村268號住所長大。1922年4月進入台南長老教中

學校就讀，上海南方高級中學肄業之後，入上海持志大學，畢業後從商。翁博村到台南求學後即往上海，娶上海女子樂婉珍（1914生）為妻，回台後即搬住台北至去世。

(13) 翁鐘五（1896.11.11－1970.7.1）：「翁博村與翁鐘五是8世同兄弟裔孫的宗親，因二人年歲差12歲而稱呼兄弟」（義竹文史工作者翁炯慶先生提供），1912年入鹽水港公學校，是劉吶鷗小學同學，於1917年4月考入台灣醫學專門學校，1924年4月畢業，先在台北醫學院服務兩年後，1924年4月再前往日本深造，除在東大醫學部研究，並入日本醫專上課一年，1925年3月畢業取得日本醫學士資格，回鹽水港開設「鐘五醫院」任院長。光復後，曾任台南縣議會參議員、台南縣醫師公會理事長（一、二屆）、鹽水街協議會員、台南縣議員等職。劉吶鷗1927年2月13日記載翁博村之兄是小學時代同學，也曾在東京晤過面。

(14) 林澄藻（1899.6.4－1973.9.30）：台南市人，是台南望族林朝英的後代。父親林鳳鳴和母親周玉皆早逝，於是林澄藻和其兄林澄源由叔叔林鶴鳴撫養長大。林鶴鳴是台南知名漢醫，不僅養育自己的六子四女，更將長兄林鳳鳴遺留的兩名孤子視如己出，全力栽培。1912年3月自台南第二公學校畢業，再入實業科念二年，於1914年3月畢業，1915年4月至1919年3月讀台南長老教中學，1919年四月插入青山學院中學部四年級，於1921年3月畢業。1922年4月考入早稻田，經專門部、大學部於1928年3月自經濟學科畢業。回台後，隔年

即獲邀回到母校長榮中學校任教，除了教授英文、音樂、歷史與算數等科目外，還擔任班級導師、學寮（宿舍）舍監和學生音樂社團指導老師，於1932年協助成立學校口琴隊和合唱團從1928年到校任職開始，一直到1945年離職為止，長達18年的時間，長榮中學的音樂活動都和林澄藻息息相關。1945年林澄藻離開了長榮中學教職，前往台南美國新聞處圖書館任職，但在1951年至1972年期間，林澄藻擔任長榮中學董事將近20年。1935年4月21日清晨6時，台灣發生大地震，新竹州下之大湖、苗栗，臺中州下之東勢、豐原、清水、梧棲等地，均蒙災害，據報上統計共死傷一萬五千多人。《臺灣新民報》為救濟災民，邀請當時留日音樂家們組團返鄉，自7月3日至8月21日在臺灣各地巡迴震災義捐音樂會，為期42天，舉行31場次。活動由台灣新民報社董事蔡培火發起並擔任團長，其中主要成員包括：高慈美、高錦花、林秋錦、高約拿、盛福俊、蔡淑慧、林澄沐、林澄藻、林進生、黃蕊花（林澄藻妻子）、陳信貞、三浦とみ子、武谷富美子、原忠雄、渡邊喜代子、戈爾特、麥金敦等人。據沈乃霖回憶，林澄藻與劉吶鷗夫妻均熟識，劉吶鷗過世後，仍與其妻黃素貞保持聯繫。1927年2月1日，劉吶鷗寫信給幾個人，包括：母親、阿媽、允中柏、素貞、澄藻、愛義。

(15) 林澄水（1898－？）：台南市人，早年自台南第二公學校畢業，1913年4月至1917年3月讀台南長老教中學，曾經與大哥林炳垣一起去唸過福建協和大學。林炳垣是林鶴鳴長子，

1924年7月畢業於台南長老教中學，1925年考入福建協和大學，1929年畢業，1930年在燕京大學心理系就讀。林澄水其後入商社任職，由日記中知1927年時派駐上海，不久又移往南洋，劉吶鷗1927年2月3日的日記提到在上海教林澄水跳Fox trot（狐步舞）。在《長老教中學校七十週年校慶紀念——校友芳名錄》上註明林澄水1913年入學，1955年的記錄上標明「出國中」。

(16) 林澄沐（1909.3.10－1961.6.1）：台南市人，是台南望族、知名漢醫林鶴鳴醫師四子。1917年4月至1923年3月讀台南第二公學校，1924年自台南公學校畢業後，進入台南長老教中學就讀，1928年前往日本，進入京都同志社中學，1930年林澄沐前往中國，投靠當時尚在燕京大學心理系就讀的長兄林炳垣，也在燕京大學短暫就讀。1932年再度前往日本東京，進入東洋音樂學校就讀，主修聲樂，但在家人強烈反對之下，轉學進入東京昭和醫專（現改名為昭和醫科大學）。林澄沐一向熱衷於音樂演出，但也不曾忘卻他的本業－耳鼻喉科專業醫師，當時也在東京開業，此後繼續在東京順天堂醫科大學深造，並在1961年（昭和36年）5月25日獲得日本醫學博士學位。同年5月27日，心肌梗塞發作，6月1日病逝於日本東京家中，享年52歲。劉吶鷗1927年日記中提及林澄沐即將入昭和醫大一事，後定居於日本，女兒林瑞慧後來嫁辜濂松。

(17) 蔡愛仁（1901－？）：台南八甲庄（今歸仁）人，西醫蔡得一（1870－1961）之長男，1916年4月入台南長老教中學就讀，

1921年3月自青山學院中學部畢業，為劉吶鷗學長。其後前往大陸就學，1922年秋至1924年冬肄業上海暨南學校商業科，1926年7月自吳淞中國公學商學系畢業，1927年時，已回台灣任職台灣總督府文書科。1939年以「蔡愛仁長老」身份創辦台南「保育園」（今台南東門幼稚園），1945年7月，桶口三雄任台南市東區區長，蔡愛仁、松嶺賀祐任副區長，此為台南東區設區之始。台灣光復後，曾任台灣省物資局副局長。1951年4月15日，曾參選台南縣長，由高文瑞當選。1927年2月12日劉吶鷗在上海品川醫院住院時，蔡愛仁曾經帶楊朝華來探病，住院期間也來探望過他一、兩次。

(18) 蔡愛義（1903.6.15－？）：台南八甲庄（今歸仁）人，蔡愛仁大弟，1916年3月與兄長蔡愛仁一同入台南長老教中學就讀，1921年3月自青山學院中學部畢業，同年4月考入大阪醫科大學，經預科三年、本科四年，於1928年3月畢業，回台後，在台南開設「得愛醫院」。1953年，任台南「保育園」（今台南東門幼稚園）董事長。

(19) 蔡愛禮（1905－1976）：台南八甲庄（今歸仁）人，蔡愛仁二弟，1918年4月與劉吶鷗同時入長老教中學就讀，1923年3月自青山學院中學部畢業，跟隨大哥蔡愛仁前往中國大陸求學，1924年9月至1927年7月就讀上海聖約翰大學高中部，1927年9月考入香港大學醫學院，1933年7月畢業之後，在香港開業及教書，吳文星教授曾提過，日據時期，在殖民教育體制洗禮下，能夠成為台灣新社會中具有領導能力與相當

社會地位的重要條件，便是來自於較有權力、聲望、財富的「領導階層」（elite，見《臺灣社會領導階層之研究》），他曾列出蔡愛禮為「留學英國習醫人士」，不過目前尚無資料可證實，蔡愛禮之子蔡曉陽則至英國習醫，目前在香港行醫。蔡得一醫師最小的兒子蔡愛智，於1927年入台南長老教中學校，之後赴美求學，畢業於美國芝加哥大學神學院，蔡得一醫師一家人都信奉基督教。1927年初，蔡愛禮和蔡愛仁都住在上海，蔡愛禮曾於1月6日曾經致電劉吶鷗，告知因為打仗學生間起了亂子，快要停課放假了。1月30日，劉吶鷗晚上在蔡愛禮的床同睡：「講了一頁胸腑的話，兩人可以說到達兄弟以上的感情了，我想到在長中的時候——」

(20) 郭國基（1900.4.10－1970.5.28）：屏東東港人，1914年3月自屏東公學校畢業，1904年4月至1917年3月在台南長老教中學校三年級修了，便於1917年4月插讀東京青山學院中學部四年級，1919年3月畢業。1919年4月考入明治大學，經專門部、大學部，於1926年3月自法科畢業，他是「東京留學生中錚錚的人物」（《台灣民報》），曾任東京台灣留學生會幹事6年，是台灣議會設置期成同盟會委員、台灣文化協會會員、台灣民眾黨黨員；1922年由盛世才介紹，加入國民黨。1942年春，因捲入「東港事件」而逮捕入獄，此事件所牽連者約四百餘人，其中包含吳海水、陳江山、許明和、郭生章（即郭國基）、張明色、周慶芳、陳月陣、張朝輝、黃周、洪雅、王天賞、歐清石等，主要是前文化運動自治聯盟

運動志士及具有反日思想者，1945年9月日本敗戰後，被釋出獄者僅有張明色、郭國基、陳江山、周慶豐四人而已。戰後，郭國基成為台灣政治人物，擔任台灣省議員期間，問政強悍，與吳三連、李萬居、郭雨新、李源棧、許世賢並稱為省議會「五龍一鳳」，1927年9月22日，郭國基和張明色搭「長崎丸」到上海，劉吶鷗到碼頭去接他們，並把他們送到先施公司東亞飯店住下。

(21)張明色（約1901－？）：屏東東港人，與郭國基為同鄉，1915年3月畢業於屏東公學校，1916年4月入台南長老教中學就讀，1927年3月自東京明治大學法科畢業，娶郭國基二妹郭秀玉為妻，1942年春，也因捲入「東港事件」被逮捕入獄。

(22)林伯奏（1897－1992）：彰化北斗人，原名伯灶，後改名伯奏，1911年3月自北斗公學校畢業。1916年考入上海東亞同文書院，迄1919年6月畢業，是台籍人氏考取該校的第一人。畢業後任職日本三井洋行上海分行，終成為鉅富，置產於上海西江灣路500號及後排七幢小洋房，1946年舉家自上海遷台，光復後曾任華南銀行第一任總經理，林伯奏育有八位子女，其中林文月是台大中文系教授及著名女作家。

(23)劉青雲（1894－1982.3.9），台南市人：為台南富豪劉瑞山長男，原名主燈，早年出身台南長老教中學，1910年4月至1915年3月就讀京都同志社普通學校（1916年才改稱作「同志社中學」），1921年3月自慶應義塾大學理財科畢業。

(24) 劉青江（1909.6.4－1981.7.3）：台南市人，原名主來，一家均
　　　為基督徒，為富豪劉瑞山（1867－1947）四男，劉瑞山是台灣
　　　府城府東巷劉厝屋主，曾與弟劉錫五合開「和源號」。劉青
　　　江早年與長兄劉青雲一樣，就讀於父親所贊助的台南長老教
　　　會中學，1924年4月入學，後來前往上海就讀「上海藝術大
　　　學」，其後再前往東京求學，畢業於東京高等工業學校（三
　　　年制），旅居日本時期與李帶傳道師長女李碧娥結婚，李碧
　　　娥原就讀長榮女中，育有二男一女。移居高雄市後，在信用
　　　合作社發展，曾任高雄三信代表21年（參考劉克全《永遠的
　　　劉瑞山》）。1927年劉青江也在上海，2月1日，劉吶鷗、劉
　　　青江與蔡愛禮一起到桃山吃晚餐。2月2日，劉吶鷗和劉青江
　　　同睡，之後劉吶鷗住院一段期間，不過劉青江並不知情，因
　　　此沒來探望他，直到劉吶鷗出院後，曾於3月2日、3日去找
　　　劉青江，劉吶鷗知道劉青江將搭3月12日的「香曲丸」去東
　　　京，不過正巧兩次拜訪他都不在家。

(25) 吳春霖（1901.12.16－？）：嘉義市人，1917年3月自嘉義公
　　　學校畢業，其後前往東京求學，1928年3月自慶應大學經濟
　　　學部畢業。回台後，曾任職台灣法律新報社營業部長、台灣
　　　新民報社（興南新聞）花蓮港分社主任、基隆分社主任、經
　　　濟部次長、東邦鋁箔股份有限公司常任董事、民報社總務部
　　　長、台北市參議員。1931年12月28日，提倡白話文的《南
　　　音》創刊，編輯及發行人為黃春成，第七期起改由台中張星
　　　建負責，社友有陳逢源、賴和、周定山、張煥珪、莊遂性、

張聘三、許文逵、葉榮鐘、吳春霖、郭秋生等人，該雜誌以思想、文藝普遍化、大眾化為目的，鼓吹新文學，刊登詩、創作、隨筆、臺灣話文創作之作品。1945年10月10日，與許乃昌、林佛樹等人創辦《民報》。劉吶鷗1927年5月23日在往日本神戶途中遇到他，一起去看電影、吃西餐。

(26) 楊允中：出生於鐵線橋，鐵線橋亦稱「橋頭」，位在新營市的西南方，年輕時曾在柳營富豪劉德炎（畫家劉啟祥之父）府任掌櫃，執事認真勤奮，頗受劉家人器重。之後轉至鹽水港製糖株式會社當原料委員領頭（見《新營市志》），曾任公職「保正伯仔」，劉吶鷗1927年2月1日提到寫信給「允中伯」。

(27) 楊慶祥（1897.10.24－？）：台南新營人，為楊允中長子，擅長大提琴，早年出身台南長老教中學，1919年4月考入台灣醫學校（台大醫學院前身），於1924年4月畢業，畢業後在新營開設「仁壽醫院」，後為法醫（見《新營市志》）。劉吶鷗1927年日記中多次提到「去橋頭慶祥注射」，以及寫信給慶祥（1927年10月5日）。

(28) 楊贊勳：楊允中次子，擅長吉他，赴日學醫，與楊林合結婚時，在劉吶鷗新營洋樓前拍結婚照（照片見於「南瀛數位博物館」），楊贊勳是內科公醫由於政府委託他替民眾健康檢查，通稱「楊公醫」。

(29) 蘇維霖（1902.10.12－1986.6.25）：出生於新竹北門，字薇雨，後以字行，1917年3月自新竹公學校畢業後，1918年4月考

入台北商工學校商科，1921年3月畢業後，由堂兄蘇惟梁帶往東京「正則補習學校」，因興趣不合，便前往大陸求學，先到南京暨南學校隨班補習。1922年9月考入北京大學預科特別生，經預科二年，本科（即大學部）四年，1928年7月自哲學系畢業。1935年，入日本東京帝國大學大學院進修心理學。1937夏，由東京返回北京、適逢七七事變，遂攜眷逃離北京，不久投筆從戎，擔任孫連仲部隊（第一集團軍）陸軍第三十一師師長池峰城顧問，親自參與台兒莊之役。1946年夏返台，應聘為台灣大學文學院哲學系教授，講授心理學，並兼任註冊組長，也擔任過台大圖書館長。1948年，擔任台大心理系系主任，任期長達22年，一直在教育界服務。與劉吶鷗非舊識，只是在北京遇到。

(30) 洪炎秋（1899－1980）：來自鹿港世家，為秀才洪棄生之子。1929年在北大畢業，1946年6月返台，先後在省立台灣師範學院（今台灣師範大學）任教，後調為台中師範學校（今臺中師範學院）校長。1948年，8月任台灣大學中文系教授，1948年10月主辦《國語日報》創刊。與劉吶鷗非舊識，與蘇薌雨在北京遇到。

2、上海文友：

根據施蟄存所記，僅僅記得劉吶鷗曾與同樣以「閩南語」為「母語」的丘瑞曲、黃嘉謨同住；與戴望舒之間的有過一段熱鬧繁華的「夜上海」生活，「blue bird」是他們常去的舞廳；劉吶鷗愛拍照、

看電影，喜愛純藝術的電影，大量閱讀外國電影理論，對於國片嗤之以鼻，日語程度足以與日人無障礙的交談，以致被誤認為日本人，暫居於上海的幾個日本舞女如：千代子、百合子，也因為劉吶鷗流利的日語、翩翩的君子風度以及闊綽的性格而十分歡迎他的大駕光臨。

從另一方面看來，或者也因為劉吶鷗的文藝性格及生活節奏更接近於詩人戴望舒，即使在創作形式上有不同的專長，兩人仍於一九二七年十月間同往北京勘查當地的文藝生態，依施蟄存所述與陳丙瑩《戴望舒評傳》中的記載，戴望舒有意參與進入「北京大學或中法大學」，而劉吶鷗則於一九二七年日記中也提到，任教於中法大學「馮女士的文學史與沈氏的詩詞」也是造訪北京的目的之一。兩人在文藝生態考察之餘，也不忘延續上海模式的夜生活，可知劉吶鷗與戴望舒之間，似乎更有文藝事業之外的交集。

這些來自各方的「知友」，無論是以文藝青年的熱情與劉吶鷗同組「文學創作實驗室」，還是在「他鄉」遇「同鄉」與「故知」，甚至是「生活在他方」的日籍友人，對其活動、性格、生活與理想，相信亦有相當的啟蒙與影響。

由於劉吶鷗在上海的文友，從現代文學史上多半有跡可尋，因此此處僅大略介紹，1927年仍與劉吶鷗不熟識者，如：丁玲、胡也頻、馮雪峰，在此不再贅述。其餘出現在劉吶鷗日記中，且實際有所交往者名單如下。

(1) 施蟄存（1905.12.3－2003.11.19）：本名施德普，杭州人，中國現代作家、文學翻譯家、學者，華東師範大學中文系教授。筆名包括：青萍、安華、薛蕙、李萬鶴、陳蔚、舍之、北山

等。1921年與杜衡、戴望舒、葉秋原、張天翼、孫昆泉等人組織文學社團「蘭社」，1922年進入杭州之江大學，1923年秋天考入上海大學文學系，與劉吶鷗、穆時英等人都被稱為「新感覺派作家」，於華東師範大學教授退休後專職從事寫作，主要作品有小說有集《將軍底頭》、《梅雨之夕》、《善女人行品》等。劉吶鷗於1927年日記中所提的「施君」，便是指施蟄存。

(2) 戴望舒（1905.3.5－1950.2.28）：本名戴朝寀，詩人兼翻譯家，祖籍南京，誕生於杭州筆名包括：戴夢鷗、江恩、艾昂甫等。1923年秋天，入上海大學文學系，也是劉吶鷗文藝伙伴之一，1926年與劉吶鷗結識於上海震旦法文特別班。根據劉吶鷗1927年日記，10月間，曾與劉吶鷗一起造訪北京約兩個月。日記中的「戴君」，便是指戴望舒，戴望舒曾經前往法國一段時間。

(3) 杜衡（1907－1964）：本名戴克崇，劉吶鷗文藝伙伴之一，曾以「第三種人」為議題引起文壇作家左右立場之論戰，也曾於1926年在上海與戴望舒創辦《瓔珞月刊》，1928年與劉吶鷗等人一起辦了《無軌列車》，1930年與劉吶鷗、戴望舒、施存蟄等人創辦《新文藝》月刊並任編輯，來台後又與殷海光、夏道平擔任《自由中國》編委，著有《免於偏見的自由》等專書。

(4) 葉秋原（1907－1948），本名葉為耽，浙江杭縣人，1921年曾與施蟄存、杜衡、戴望舒等組織文學社團「蘭社」，本來

在上海念東吳大學念法科（夜間），後到美國讀社會學。

(5) 丘瑞曲：福建人，根據施蟄存回憶與劉吶鷗1927年日記，曾於上海商學院求學時與劉吶鷗一同租屋，當時正在上海商學院求學，曾與張伯箴合譯一本《金圓外交》，1930年3月，即由劉吶鷗創辦的水沫書店出版。日記中提到「丘君」，則是指丘瑞曲。

(6) 黃嘉謨：福建龍溪人，約生於1905年，1925年7月自廈門大學預科畢業，當時服務於上海「中華國民拒毒會」（「拒」字，吶鷗日記中寫成「據」），1933年，曾與劉吶鷗等人編輯《現代電影》，更早之前曾於《無軌列車》發表小説〈愛情的折扣〉，曾編劇的《化身姑娘》，三〇年代被認定以「軟性電影理論」、軟性電影「化身姑娘」，票房極佳，根據施蟄存所述，黃嘉謨亦曾與劉吶鷗、丘瑞曲同住一段時間。

（按：黃嘉謨的兩個弟弟是黃嘉音、黃嘉德，都從事翻譯，四〇年代曾編《西風》，是一份介紹歐美風俗的文章，兼談電影。）

(6) 孫春霆（1906－1991）：與劉吶鷗、戴望舒同一時期在震旦法文特別班，。1927年入北京中法大學法文系一年級，在中法大學畢業後，曾短暫擔任過水沫書店編輯，也有作品在《新文藝》月刊發表；有著作在水沫書店出版，是「水沫社」社員。1927年11月5日，劉吶鷗同孫春霆去北京青年會看電影。

3、日本同窗：

從劉吶鷗在青山學院的畢業名錄看來，1926年3月總共有16名畢業生，劉吶鷗是班上唯一的台灣人，1927年5月他從台南往東京暫居

時，也會跟日籍大學同學有所往來，依照姓名和姓氏來看，劉吶鷗與三、四位大學同學保持聯繫，包括：大脇君（可能是大脇禮三）、井上龍友、井上楊三（日籍友人，背景未知，不確定是不是井上龍友的家人，也可能兩人沒關係）、小杉平三郎、鈴木誠一，他和同學之間不但通信，也會登門拜訪或一起吃飯，可知劉吶鷗與日本同學的關係也相當要好。

(1) 大脇禮三：劉吶鷗青山學院高等學部同學，1933年，曾翻譯《タルタラン物語》，1936年，曾經翻譯《奇譚散策：仏蘭西昔譚》，劉吶鷗1927年6月21日接到大脇君媽媽來信，告知收了一個「小包」，並請他去家裡逛逛。7月8日，劉吶鷗見到大脇的媽媽和兄弟。

(2) 井上龍友：劉吶鷗青山學院高等學部同學，1927年日記的通訊錄上，有井上龍友的住址，是「仙台光禪寺……（字跡不清楚）」。劉吶鷗在日記中記載7月18日去池尻找井上氏，「無人在家」，7月27日下午去池尻找井上君，「共談一脯話，唱片都摸過，梅餅也很滋味」，可以與之談心，可見友情之深，推斷應該是「井上龍友」。8月11日，劉吶鷗「坐汽車去兩國驛搭十點二時五分的火車，到上總片具這邊來，井上氏兄弟三和一個老女傭屋房很清楚」，他和井上兄弟一起去海邊游泳，因為浪很大不好游，不過很爽快，晚上去散步，此時的「井上兄弟」較可能是住在仙台的「井上龍友」，劉吶鷗此時住在井上君家，8月13日，井上的母親到來，劉吶鷗覺得她是一位很優美的淑女，當天晚上再去海邊

散步，寫詩的靈感和畫興都「勃然而湧」。8月14日，井上君的父親來，一起去「扒蛤兒」，當天劉吶鷗在八鵝湖畔與井上君的家人一起吃西餐，劉吶鷗並於當天八點半與井上君一起搭汽動車回東京，8月15日井上君在「東金」下車，劉吶鷗則換車回到東京。此外，9月1日劉吶鷗再去找井上君，9月3日，井上君拿毯子和泳衣來還劉吶鷗。9月5日，下午兩人談談天之後，又到洗足去泛小舟、晚上井上君請他吃飯，兩人飯後去銀座花街散步，十一點多分手，此時劉吶鷗提到，「他明晚上到仙台去了。在目黑驛頭握手，約明年再會。」

(3) 井上楊三：口記通訊錄中記載住址為：「東京夏目黑東京高等造園學校」，不確定和井上龍友是否為兄弟關係。1927年9月19日，劉吶鷗在上海，收到井上楊三君來信。10月26日，劉吶鷗在北京收到井上楊三君的來信。10月30日還提到，自接了楊三君一封信，並沒有收到來自本的消息，所以他寫了封信給在東京念書的弟弟。

(4) 小杉平三郎：8月31日，井上君來找劉吶鷗，一起到井上君家吃飯，在道玄阪上遇到「小杉君」於是一起去喝茶，井上君、小杉君可能都是劉吶鷗大學同學。

(5) 鈴木誠一：劉吶鷗青山學院高等學部同學，1927年10月13日，劉吶鷗與戴望舒在北京，此時劉吶鷗各給井上楊三、井上龍友，還有另一名大學同學鈴木誠一寫了一封信。

三、去留之間——台南？東京？上海？

> 晚上接到家裡寄來的160円？元？兩？的電報通知，啊！怎麼
> 樣呢？回去？留住？可是上海于我實是無用了，回去吧！到
> 溫暖的南國。（1月11日）

在劉吶鷗1927年日記裡，我們看到他的動向及順序是：上海→
台南→東京→上海→北京→上海，這一整年，從超越「國家民族」的
角度看，從今日「全球化」的視野看，他的確是超越國族，在城市與
城市之間遊走著，在此階段，他不斷的思考著自己未來的事業，這一
年，可說是他的「未來事業思考期」，在這一年所做的決定，也的確
影響了他的一生。

由於動向未明，於是在上海與東京期間，他必須常常寫信告知親
友新住所的地址，也必須通知親友自己接下來的動向，當時在上海的
劉吶鷗，由於日本舞女——千代子可能離去，使得劉吶鷗在情感上也
同她們（包括他日記中常寫到的：百合子、千代子等人）一樣住進了「鄉
愁國」裡：

> 去找青江，他十二號的香曲丸要到東京去了，愛仁說不久也
> 要回到家裡去，下午坐在廳裡同翁君談學校的事。……她（千
> 代子）的S寫給她信，叫她回東京去結婚，他說待我去後，他
> 才要去哩，等我到法國去後……她們都在鄉愁國裡（3月2日）

　　從當日的日記記載，我們可以想像此時劉吶鷗似乎還作著「去法國」的美夢，所以千代子要等到劉吶鷗去法國之後才要離開上海，當時劉吶鷗、施蟄存與戴望舒等人，除了白日讀書、翻譯，午睡後游泳，七點看電影之外，在上海夜生活的活動就是逛舞廳，飲酒作樂。

　　到了白天，這些日籍舞女則可以成為逛街的女伴、談心的對象，劉吶鷗住院期間，她們也會像朋友一樣來探望他，對劉吶鷗來說，在這些日本女性身上所投射的「同情」往往多於男女的「情感」，原因是，這些日本女性由於各種不得已的理由，必須遠離家鄉、留在上海陪酒、賣淫，通常背後還會有一些不為人知的故事或悲哀，或者這樣的處境也讓劉吶鷗想起自己，原生地是台灣，卻多了一個「日殖民」身份，為了求學必須遠離家鄉，回到家鄉又必須忍受「英雄無用武之地」的尷尬處境，同鄉好友們紛紛出走，上海、大連、南洋、東京……，只是為了求未來發展，讓自己找到對的地方發揮所長，所以，這些人的心聲，和劉吶鷗自己內心的哀愁與無奈不謀而合，同樣的，為了追求新文藝，為了創造五四後的自由主義，施蟄存、戴望舒、杜衡等人不也是離鄉背井，走避動盪的政治，卻又得忍著離鄉愁緒來到上海築構黃金夢？

　　戴望舒也曾為劉吶鷗熟識的一名舞女寫過一首詩，詩的名稱便以舞女的名字為名，叫做〈百合子〉：

　　　百合子是懷鄉病的可憐的患者，
　　　因為她的家是在燦爛的櫻花叢裏的，

我們徒然有百尺的高樓和沈迷的香夜，
但溫煦的陽光和樸素的木屋總是常在她的緬想中。

她度着寂寂的悠長的生涯，
她盈盈的眼睛茫然地望着遠處，
人們說她冷漠是錯了，
因為她沈思的眼裏是有着火焰。

她將使我為她而憔悴嗎？
或許是的，但是誰能知道？
有時她向我微笑著，
而這憂鬱的微笑使我也墜入懷鄉病裏。

她是冷漠的嗎？不。
因為我們的眼睛是秘密地交談着，
而她是醉一樣地合上了她的眼睛的，
如果我輕輕地吻着她花一樣的嘴唇。（戴望舒〈百合子〉）

　　有那麼一段時間，劉吶鷗很困惑自己的未來，尤其那一年，上海
政治情勢並不算安定：

　　大清早，澄水就走來報杭州失守、孫軍退到松江，但事實，
　　南軍已到上海了……下午，真是如各報所料，上海總罷業起

來了，備米糧，換龍銀，心為之一亂，真是無用，約來要來
的丘，卻不見其來，恐怕現在在南京路上大到演說也未可知
道，不然就在法界的一角秘處參那學生會，電車都停，法界
的治安也不知怎樣！（2月19日）

　　生活在上海，不僅感染到「在搖動的上海的空氣，到今天處處顯
危險的神色，大早朝連租界內也交通斷線」（3月27日），此時，劉吶
鷗以「台灣人」身份住在法租界，與道地住在中國地界的中國人有一
定的隔閡，首度來到中國地界的劉吶鷗便遇上了交通的大問題：

由甘肅路，走遇英兵防守去北車站，南軍上海占領後，也是
頭一次我去到中國界，站裡廣告很多，開往江宵的車裡，都
是兵滿滿，等沒有火車就花了四塊錢租隻汽車去，中午宵君
請的，江邊已經是蓬草青青了，在校庭裡打了兩個鐘頭的
球，去坐沒有火車，後來不（得）已跑到吳淞鎮去坐停坐那
邊的兵車回來」（4月6日）。

至於個人對於上海的感覺，難免還是會有抱怨的：「上海真是個惡劣
的地方，住在此地的人，除了金錢和出風頭以外，別的事一點也不去
想的」（1月5日）、「襯衫的袖口骯髒的很了，領巾滿著塵垢，啊！上
海真是難住，好像在泥土的海裏泅哪」（1月19日）。不過，到了氣候
漸佳時，他又開始喜歡起上海了，對於春天充滿期待的劉吶鷗，欣喜
見到上海的可愛：

在陽光微搖的街上跑，真是爽快得很，記得我初入震旦的時候，上海也是這樣的可愛，那知多走了幾番的跳舞場就會使我變成個上海的嫌惡家，啊！願春光春到，江南多雨！」（1月6日）、

坐在搖動的車上，看見了街上的軟弱的陽光的時候，我真是好似發現了新的上海。（1月29日）。

身處於上海，難免對於居住的品質有些意見，而在「日光照得很明輝，很溫暖，現出一種變體的春天」時，劉吶鷗的心裡「卻似黑雲佈陣，充滿著鬱悴和憂愁」，不禁想起「在家裡倚門而待的母親！」（1月4日）。母親，一直以來不但是「台灣」的化身，對於一向由寡母持家的劉家而言，未嘗不是「溫暖的南國」、「家」的深刻象徵，對於祖母病情的憂心與感情，亦可從日記得知：「接了一張家裡的電報，說祖母病重，要我們回家」（4月7日）、「同愛禮出去買東西，中間買了一枝眼鏡要給祖母，願她安在」（4月8日），遊走、流浪在外的劉吶鷗，對於祖母（家人）及懷鄉之情由此可見。

與好友蔡愛禮在上海的住處同眠時，亦促使他想起南國的種種：「晚上在愛禮的床同睡，講了一夜胸腑的話，兩個人可以說達到兄弟以上的感情了，我想到在長中的時候……」（1月30日）。因為生病住院，劉吶鷗想起自己身處異地的無助，以及茫茫然的未來，也會無助了起來，因此發出這樣的感懷：

脸上和頭髮裡一粒粒的匐行疹疼得真是上天無門，入地無
路，又沒有睡眠藥，又氣看護婦不來，啊！真難過，我哭
了，想到種種過去、將來，這邊、那邊……（2月11日）。

　生離死別，對劉吶鷗來説也一樣是感傷、失落的，為了求學，自
中學便旅居異地六年，一個人忍受待在東京的孤獨，同樣的，弟弟要
到東京去念書，劉吶鷗同樣有著深深的離愁、孤獨與懷鄉之情：

弟弟到東京去了，恰巧下著雨。使離愁一層地重。一直看到
他坐去的車子的燈光在雨裡滑去才進來的母親，竟倒在床上
哭了。……啊！離別，人生常有的離別，你是神祕的東西！
憑在窗口，聽著淒咽的夜雨想著親人遠去，就這鐵心腸的
我，暗地裏也不知道流了許多的眼淚。人生結果是孤獨的，
離別，尤其使我們覺得孤獨，是和懷鄉──懷那久違之鄉，
白雲？──同一的感情……（5月5日）

　台灣第一所大學（台北帝國大學）1928年才正式成立，在此之前，
日據時期台灣學子，若想成為知識份子、受高等教育，都必須忍受著
劉吶鷗所謂的「孤獨」與「懷鄉」，才能完成這艱鉅的使命，但追求
高等學歷之後，也不見得就能返台找到好工作，有關升學的選擇，經
濟背景較好的選擇赴日求學，經濟條件較差的，便到中國留學者也不
在少數，因此，「孤獨」、「懷鄉」，便成為當時與劉吶鷗同時期知
識份子必須經歷的掙扎與矛盾。至於劉吶鷗，在經歷南國鄉愁的召喚

與逐夢上海的追尋之間感到十分矛盾，即使如此，在多方考量後，他仍將上海當作他「將來的地」，如同一般來到上海的尋夢青年般，企圖在上海闖出一片新天地：

> 母親說我不會（回）也可以的，那末我再去上海也可以了，
> 雖然沒有什麼親朋，卻是我將來的地呵！（7月12日）

四、上海1940、新營1943──菊池寬與李香蘭

1、上海 1940 －菊池寬

　　根據日本作家菊池寬《昭和十五年・話の屑籠》得知，1940年4月份，菊池寬曾經到了一趟上海，當天由劉吶鷗親自開著私家轎車迎接其到來，當天晚上，劉吶鷗還招待菊池寬，為他接風：

> 南京政府の宣伝の第一線に立って活躍していた親日作家穆
> 時英君の横死については、たびたび書いたが、穆時英君
> に次いで、その位置を継いだ劉燦波君が、またまた九月
> 三日、抗日の凶弾のために倒れた。気の毒の至りである。
> 四月僕が上海に行ったとき、劉燦波君は、自家用の自動車
> を自ら運転して、僕を迎えに来てくれ、一夜歓待してくれ
> た。菊池寬《昭和15年10月・話の屑籠》

自1920年代起，劉吶鷗便無間斷的閱讀日本當代作家的作品，菊池寬也是他心儀的一位作家，我們不知道在什麼因緣際會下，劉吶鷗有機會接待菊池寬，是因為「軍報導部」的命令嗎？是以「中影」製片部次長身份嗎？還是以「國民新聞社」社長的身份去迎接他？菊池寬也為劉吶鷗被暗殺一事感到惋惜，從菊池寬的描述之中，發現他對劉吶鷗的背景也略有所知，知道他在電影方面的專長，也知道他此時是「親日」的文化工作者：

右圖為劉吶鷗在上海的座車（車號：4402），原件照片中能隱約看到「2」。

> 台湾の豪農の家に生れ、青山学院出身だけあって、日本語も巧みで豪壮な近代的青年であった。映画の製作者として、文化界の立物で、上海へ行った日本の映画人など、ずいぶん世話になったらしい。親日の文化中国人が、次々に倒れて行くことは、痛嘆に堪えないものがある。《昭和15年10月・話の屑籠》

1939年，劉吶鷗在上海接待弟弟劉櫻津的到來，當時劉吶鷗已決定將劉漢中過繼給弟弟了。

2、新營 1943 －李香蘭

　　有關劉吶鷗與日籍女星李香蘭（山口淑子）的傳言，有一種說法是，劉吶鷗1940年9月3日下午兩點自上海京華酒家提早離開，原因是「有事要先走」，那件「事」，便是與李香蘭在「國際飯店」有約，有人推斷此時李香蘭已經是公眾人物，應不至於在大廳等候劉吶鷗，若是在大廳等候，必定過於顯眼，因此，兩人應該是約在飯店的房間裡，因此猜測兩人有男女曖昧之情。

　　事實上，劉吶鷗與李香蘭的關係，也是從1940年左右開始的，當時劉吶鷗為「中影」做事，擔任製片部副次長，而「中影」與日本「東寶」之間也一直有合作關係，1940年6月，李香蘭主演的〈支那の夜〉（在上海以〈上海之夜〉為名上映，戰後改名為〈蘇州夜曲〉）上映，該片由「東宝映画（東京撮影所）」、「中華電影公司」合作製作，〈支那の夜〉（75分）前篇於6月5日上映，〈支那の夜〉（53分）後篇於6月15日上映，劉吶鷗是這部片的資助者（応援者：劉燦波、高木日出男、陳麟書、陳天麟），因此劉吶鷗在這裡所扮演的角色有兩種可能，第一種可能是「中影」與「東寶」的合作關係，都是透過劉吶鷗作為代表人，另一種可能是，劉吶鷗為提拔好的演員，的確在金錢上資助此片的拍攝，因此有知名女星李香蘭受到劉吶鷗所提攜的說法，不過，劉吶鷗在此片留存資料中此時屬名「劉燦波」。

支那の夜　前篇

・戰後改題…蘇州夜曲

製作＝東宝映画（東京撮影所）＝中華電影公司

1940.06.05　日本劇場

2,049m 75分 白黑

製作	滝村和男
演出	伏水修
製作主任	本木荘二郎　井上深
脚本	小国英雄
撮影	三村明
音楽	服部良一

「支那の夜」

作詞	西條八十
作曲	竹岡信幸
唄	渡辺はま子

「蘇州夜曲」

作詞	西條八十
作曲	服部良一
唄	霧島昇　渡辺はま子

「想兄譜」

作詞	西條八十
作曲	竹岡信幸
唄	渡辺はま子
装置	松山崇

録音	下永尚
照明	藤林甲
編集	岩下広一
応援者	**劉燦波** 高木日出男 陳麟書 陳天麟
現像	西川悦二
長谷哲夫	長谷川一夫
桂蘭	李香蘭
山下仙吉	藤原鶏太
三浦とし子	服部富子
張子仙	汐見洋
山崎文之助	御橋公
池田	嵯峨善兵
荒田	藤輪欣司
船長	鬼頭善一郎
柳井	長島武夫
荒田正男	小高たかし
壮士風の男	今成平九郎
山崎なつ	清川玉枝
ダンサー	立花房子
荒田の小母さん	三條利喜江
桂蘭の婆や	小峰千代子
桂蘭の母	藤間房子

支那の夜　後篇

・戰後改題...蘇州夜曲

製作＝東宝映画（東京撮影所）＝中華電影公司

1940.06.15　日本劇場

1,454m 53分 白黑

製作	滝村和男
演出	伏水修
製作主任	本木荘二郎　井上深
脚本	小国英雄
撮影	三村明
音楽	服部良一
	「支那の夜」
作詞	西條八十
作曲	竹岡信幸
唄	渡辺はま子
	「蘇州夜曲」
作詞	西條八十
作曲	服部良一
唄	霧島昇　渡辺はま子
	「想兄譜」
作詞	西條八十
作曲	竹岡信幸
唄	渡辺はま子
装置	松山崇

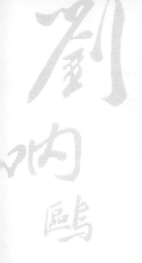

這兩張照片存放在劉吶鷗的相簿裡，由李香蘭親筆簽名（右），右邊這張照片可能是李香蘭送給劉吶鷗的簽名照。左邊的照片因為衣服與髮型與1941年到新營時的造型相同，可能是1941年時，送給劉家人的照片。

1943年，李香蘭與陳恨在新營之合照，服飾與髮型和李香蘭獨照相同。

錄音	下永尚
照明	藤林甲
編集	岩下広一
応援者	劉燦波　高木日出男 陳麟書　陳天麟
現像	西川悦二
長谷哲夫	長谷川一夫
桂蘭	李香蘭
山下仙吉	藤原鶏太
三浦とし子	服部富子
張子仙	汐見洋
山崎文之助	御橋公
池田	嵯峨善兵
荒田	藤輪欣司
船長	鬼頭善一郎
柳井	長島武夫
荒田正男	小高たかし
壮士風の男	今成平九郎
山崎なつ	清川玉枝
ダンサー	立花房子
荒田の小母さん	三條利喜江
桂蘭の婆や	小峰千代子
桂蘭の母	藤間房子

　　1943年，當時紅極一時的日本女星李香蘭（本名山口淑子），奉令到台灣參加拍攝《沙鴦之鐘》（莎勇之鐘，1943.07.01上映，台灣總督府、滿州映畫協會製作），該片拍設地點在台中霧社，據說霧峰林獻堂先生要親自接待李香蘭，不過李香蘭在影片拍攝完成後，並沒有領林獻堂先生的好意，反而是直奔「新營劉家」，去探望劉吶鷗家人，以及祭拜在上海被刺身亡的劉吶鷗，為「劉燦波」上香，原本這只是新營的地方傳聞，不過因為劉吶鷗相本裡的確放有李香蘭在「新營洋樓」門口劉家家族成員的合照，以及與劉吶鷗母親陳恨的合影，再加上劉吶鷗相本裡亦有李香蘭贈送之簽名沙龍照一張，因此1940年在上

1943年，李香蘭到新營為劉吶鷗上香，當時在新營是一件大事，前排左一是劉吶鷗妹妹劉瓊瑛，前排左二是劉吶鷗妻子黃素貞，前排左三是李香蘭，前排左四是劉吶鷗母親陳恨，前排左五是劉櫻津之妻楊藍菊，前排右二是劉吶鷗妹婿葉廷珪，後排右二是陳端明，後排右四是楊贊勳，後排右五是楊允中。據劉漢中教授所言，該照片是由劉吶鷗好友楊慶祥所拍攝的。

海，劉吶鷗對和李香蘭之間，應該有著一段不為人知的往事，可能是因國族、身份、角色與處境的惺惺相惜，可能劉吶鷗是李香蘭的知遇之恩，也可能劉吶鷗的確支持好電影的拍攝、願意斥資拍攝好電影……，這些問題的答案，也只有當事者才知道了。

劉吶鷗（後右二），拍攝地點未知，時間約在1925年代左右。

五、小說補遺—〈綿被〉

◎劉吶鷗

　　小鳳打著一陣寒抖走出門後。她覺得旗袍的袖子太短了，同時又覺得月光太亮了。像一隻被斷了尾巴的金魚在透明的玻璃缸內游泳著一般地，她縮著肩膀在那月明的夜街頭漫步著，想想如果月光可以吃得飽的話……

　　小馬路的夜街頭，過了淫慾橫流的前半之後，行人已經稀少了——特別是在這樣一個寒冷的晚上。小鳳精神恍惚地停停步步終於在電桿的陰影裡覓到了一處稍微避風的地點。對過的街燈下兩三個同業正在包圍著一個遲歸的夜行者。假如我跑上亮一點的地方去，也許可以像她們多拉幾個客人呢，她想。但她沒有那些勇氣，她覺得似乎陰暗的地方適配她一點。

　　忽的轉角處響出口笛有人來了，是一個工人風的青年。拉他吧，別錯過了機會呵，她想，於是嘴裡響出一聲脆弱的「去吧！」便羞怯地伸手拉一拉他的袖口。

　　「不要吵！」

　　青年停著口笛，轉身過來發著性子。但卻碰著了她柔弱的乞憐的視線。他覺得小鳳兩面的頰紅搽得一邊高一邊低，在那藍青的月光下現得一個怪好笑的歪著的臉。同時意識著口袋裡的兩塊洋錢。

　　「噢呀！你幾歲？十四，十五？」

　　……（駭異的眼光）「我……我忘掉了！」

「那怎麼行，傻瓜。連自己的年紀都忘掉了還要做什麼生意。……這樣，我這裡，只有兩隻洋，全給你，你帶我去不去？」

他摸出兩塊白銀來，放在掌中給她看。

其實，小鳳歪頭一想：有這裏的一塊也夠了，數目又何必去拘泥。她點點頭，吊起一對微笑的眼光，於是兩人便像新戀的情人一般地擁抱著離開了那夜半的街頭。

門開著，為燈光吃了驚的耗鼠全在地板上搶著走。台子上似乎翻倒了兩只碗。

「喂，別嚇殺人，為什麼這麼多的耗鼠，是不是都是你的朋友？」

「對不住你，地方太小了。」

「你一個人？」

「不，媽剛纔同一個瘦長的男人出去了。大概又是過癮去了。你冷嗎？你坐一歇我去隔壁倒開水來給你。」

「開水？不用麻煩了，我不怕冷！」

青年坐在小櫈上摸摸剛才上扶梯時沖痛了的頭皮順把眼睛向房內一轉。一隻台子，幾隻凳子，兩個木箱，壁上幾件舊衣衫，一條床只鋪著一白條布條……

「喂，不是開玩笑，怎麼被條都沒有？」（他睜大眼睛怪叫著。）

「被條？被條……真對不起先生。你不是不大怕冷嗎？我可以使你溫暖……我來給你……」

「哼唔，小動物，你說得好……對啦，你等一等，我出去一歇就來。」

「但是，先生……」

他飛也似的跑了，留著一陣快速地下樓的蹬音在耳底。小鳳太失望了。她想他再也不會來了。他一定看她不起。她很難過，真有點想哭出來。她怪她媽大前天不該讓那位瘦長男人把她的破被條帶去。對啦，她們為什麼到現在還不回來呢？也許連媽都跟人家跑掉了，留下她自個兒。那怎麼辦呢……小鳳就是到現在還未曾有過這樣一個不安。饑都不要緊，凍也不要緊，但這麼大的世界裡剩下她自己一個兒……她被極度的寂寞襲擊著，忍不住跑去窗邊看看天上的月亮。她覺得那月光，透亮亮，著實太無情了。她什麼也沒有力氣再幹，久久地在那裡望著，出神……

不一會，屋外好像有了足步聲，敢不是他跑回來？她想著，轉身過去開門。真的是青年回來了。他兩頰被冷風扇得紅紅，笑眯眯，喘呼呼站定在門口，而且腋下挾著一大捆的東西。

「先生，綿被……噢，這麼好看的花藍布被單。」

「唔，怎麼樣，好不好？」

「先生家裡的？」

「不，我的，老寄在朋友家裡長久不用地了。你瞧都有點爛了。」

「不要緊，我來給你縫補好了。」

「怎麼流著淚，你在這裡哭嗎？」

「沒有，不曉得怎的。也許看見這樣美的綿被，也許是看見你。」

她含淚微笑著，一面就向他接下來舖在床上。她好像自有生以來第一次接到人家好意似的眼淚只管汪汪地流。

青年把這兩隻現洋塞在她的手裡之後，他們倆兒就好像一對雙生

的兄妹一般地縮進被窩裡去。

　　天未明的時候，小鳳身邊感覺著強壯的身體的壓力，醒了。她很久沒有這樣好睡過。也許是暖的關係，也許是他守護著她，使她安了心。她充滿著謝恩的感情，仔細地觀玩著他的臉。粗大的輪廓，黑黝黝的皮膚，她覺得這個人似乎有點靠得住的。她想起被勁健的四肢緊束著時的歡樂。她記得自己彷彿是把身委了哥哥的妹妹。

　　這時青年也醒了，睜大著眼睛。他好像馬上就要翻起身來。

　　「你醒了嗎？還早呢，再睡一會兒，忙什麼！」

　　「那麼你這麼早醒來幹什麼？」

　　「醒來看你。」

　　「看我怎樣？」

　　「看你像一個大孩子，沈迷迷睡得那麼好看。」

　　他微笑，不响，一會兒才說：「……我想今天去，到南方去！」

　　「南方在哪裡？很遠嗎？」

　　「很遠，要坐船的。坐我朋友的船」

　　「南方很暖吧！」

　　「當然嘍！」

　　「暖的地方很好！」

　　「也許我幾時回來帶妳去。」

　　「真的嗎？」

　　「我說話還騙妳嗎？……不過我想這樣子好不好？我這綿被送給妳，妳還我一塊錢。省得我今天再工作一天，身上有一塊錢，就可以去了。因為我是坐我朋友的船哪！」

「一塊錢你要就拿去。被條我不要你送。假如你用不著帶去，你就放在這裡，我來給你看管。」

「謝謝你——你，你這，小貓兒！」

他説著，雙手扶住她的頭只管搖——搖……

「……不過，你不要忘記了你有一條暖的綿被在我這裡，我等著你好了。」

「那我不會，小貓兒。」

「你這樣説，……你不怕我家裡有耗鼠！」

「……傻，傻瓜！」

當小鳳送出青年的時候，天已經大白了。她回到房裡纏想起她忘記了問他的姓名。於是她便找出針來開始把被單破爛的地方縫補著————一面心內想想一塊錢，給媽拿去六角小洋，四角小洋買一件暖的汗衫，兩角小洋今天吃兩頓飯，還剩下幾十個銅板。

（原載1934年11月《婦人畫報》第23期）

（原載1934年11月《婦人畫報》第23期）劉吶鷗小説〈綿被〉插圖，由郭建英繪圖。

後記

十年劉吶鷗（1997-2007）
——以及，紀錄相關的人事物

一直以來，我很想製作一份年表，把這十年來透過劉吶鷗所結識的人、事、物做一份完整的記錄，藉以表達感謝之意。

◆1997年：康來新老師、孫遜老師

1997年，碩一上學期進入尾聲。

某次結束「紅學研究」課程之後，為了想要拜康老師為師，尾隨康老師到研究室裡詳談細節，當時我已經「有備而來」，事先想好了研究方向，希望能以九〇年代「平凡女性人物傳記」為主題寫碩士論文，康老師一聽到與「女性」有關，便告訴我，在「台灣人」劉吶鷗三〇年代的小說創作裡，出現了比九〇年代更前衛的女性，問我有沒有興趣做這方面的議題。

雖然讀過現代文學史，卻對劉吶鷗這位作家一無所知，我想當時自己露出困惑的表情了吧！「我沒聽過劉吶鷗耶！」我誠實的告訴康老師。

康老師表示自己對此人所知亦有限，所以才會希望下一位來找她指導現代文學研究的研究生可以做這個題

目，況且康老師認為「北有許地山，南有劉吶鷗」，韻如學姐才剛完成許地山研究，所以她希望劉吶鷗研究可以是下一個有台灣觀點的碩士論文，接著，康老師拿出李歐梵編選的《新感覺派小說選》，請我回去閱讀，看看是否喜歡劉吶鷗的小說，再決定是不是接受這個題目。

在這本選集之中，收錄了劉吶鷗的三篇短篇小說——〈熱情之骨〉、〈遊戲〉、〈兩個時間的不感症者〉。

回到家之後，我來回反覆的讀這三篇小說，心中感到最納悶的是，劉吶鷗在小說中不流暢且時空跳脫的文字，和我的閱讀經驗大相逕庭。過程中，我不斷的問自己「喜歡」嗎？

在〈熱情之骨〉中，玲玉在濃情密意之時，忽然以一句「給我五百元好嗎？」讓熱情的法國男人瞬間降溫；而〈遊戲〉裡的女主角，在確定選擇了物質取向的愛情之前，竟將自己的貞操獻給初戀的步青，離去前，還不忘一句鼓勵：「忘記了吧！我們愉快地相愛，愉快地分別了不好嗎？」至於〈兩個時間的不感症者〉裡的女主角，更是爆出驚人之語：「啊，真是小孩。誰叫你這樣手足魯鈍。什麼吃冰淇淋啦散步啦，一大堆囉唆。你知道Love-making是應該在汽車上風裡幹的嗎？郊外是有綠蔭的呵。我還未曾跟一個gentleman一塊兒過過三個鐘頭以上呢。這是破例呵。」

在當時，「一夜情」、「車床族」這些「新新人類」的「新興名詞」才剛剛出現，我們卻在劉吶鷗1928-1930年的小說創作裡，找到了這些足以登上新聞頭版的「豪放女」，驚訝之餘，也很好奇劉吶鷗一個什麼樣的作家。

　　我想我沒有考慮太久，很快的我就
告訴康老師，願意做這個題目。

　　升碩二的暑假，為了分享我們的
「紅樓夢報告」，我和嘉雯先到北京再
到上海，此趟上海行，讓我開始實際去
感受劉吶鷗筆下的上海，僅能依靠一張
上海地圖摸索這個城市，一次的誤打誤
撞，我們走到了淮海路，沿路盡是歐風小
洋樓與法式梧桐的奇妙組合，悠閒的漫步
讓我們也體驗到老上海的法式步調，雖然
此行只是走馬看花的短暫旅程，卻讓我發
現了一種獨特的、新奇的城市巡禮，並且
深受這種城市漫遊所吸引。

　　此次上海初體驗之行，就在即將
畫下美麗句點的時候，意外卻發生了，
在返台前一天，我因食物中毒而到上海
第六人民醫院掛急診，全程由上海師大
文學院孫遜院長協助與照顧，隔日才得
以順利搭機返台，即使如此，對於「上
海」這個城市，我仍充滿高度的好奇與
探險的信心。

　　同年年底，上海學林出版社出版了
一套「海派小説長廊」叢書，而《劉吶
鷗小説全編》是其中一本。

1997年，上海學林出版社出版
了《劉吶鷗小説全編》。

◆1998年：秦賢次老師、林建享、薛慧玲、蔡登山老師、
陳子善先生、施蟄存先生、柯靈先生、黃仁老師、劉漢
中教授、劉玉都女士

　　確定了一個完全沒有把握的題目，我所能找到的中國現代文學
史叢書，對於劉吶鷗的描述，往往只是「兩行」帶過，劉吶鷗被寫進
現代文學史的形式大同小異如：「劉吶鷗（1900—1939），本名劉燦
波，台南人，自小在日本長大，日本慶應大學畢業，小說集《都市風
景線》，創作手法形式重於內容……」資料少還無所謂，可怕的是，
短短兩行描述，就有三、四個錯誤的描述，像是：劉吶鷗出生於1905
年，卒於1940年，劉吶鷗自高三才到日本留學，而且念的是東京青山
學院，並不是慶應大學，此外，一些沒有根據的描述，還包括「劉吶
鷗的母親是日本人」的說法，這種「傳抄」甚至誤導了整個大陸的劉
吶鷗研究，這樣的狀況歷經十來年，直到現在，還有這些錯誤資訊的
流傳。

　　心虛的我，明明知道自己必須「無中生有」，還是得硬著頭皮往
前走，很慶幸的，1998年是最關鍵的一年，我遇上了幾盞指引我繼續
前進的明燈，預計三月底利用春假到上海蒐集資料之前，發生了幾件
改變整個局面的事情。

　　首先，康老師為我寫了一封推薦信，傳真給當時還在「明台產
物」服務的秦賢次老師，秦老師非常慷慨且大方的與我分享三〇年代
有關劉吶鷗的資料和原件，甚至讓我把原件帶回去掃瞄、影印，同
時，在與秦老師頻繁互動的過程中，我見識到秦老師在文獻考證方

面的嚴謹，有了原件資料（《都市風景線》、《色情文化》、《無軌列車》），於是，我更貼近了劉吶鷗一大步。

接著我認識了建享，他是劉吶鷗的外孫，和我一樣，透過一本《新感覺派小說選》，認識了他自己的外公。建享告訴我，劉吶鷗留下了「1927年日記」一本，這個資訊對我來說是一個重大突破，只可惜當時日記原件已經不在他的手上，透過某種管道卻無法取得一窺究竟，正打算放棄的時候，同時也是在動身前往上海行的幾天前，為拍攝蘭嶼紀錄片而異常忙碌的建享突然想起，他曾影印一份劉吶鷗日記，存放在國家電影資料館裡，或者我可以自己聯絡看看。

國家電影資料館的薛慧玲小姐是我的另一名貴人，當時適逢資料館整頓中，所有的資料已全部裝箱，為了讓我能見到劉吶鷗日記，她幫我一一清查了幾十箱的資料，最後終於找到了日記影本，於是我站在資料館的影印機前，將劉吶鷗1927年共365天的日記，很感恩、很珍惜的，一張、一張的印回來。

巧的是，為了要拍攝紅樓夢的一些文物，蔡登山老師到中大向康老師借用紅樓夢研究室裡的一些文物，於是，康老師告訴我，蔡老師對於中國二、三〇年代的文人資料相當熟悉，或者我也可以向蔡老師請益。經由蔡老師的引介，3月底我到了上海，由華東師大的陳子善老師帶著我訪談了施蟄存先生和柯靈先生，此行，我也將劉吶鷗日記影本帶給施蟄存先生過目，令他意外的是，在1927年秋天，戴望舒的北京行是和劉吶鷗一起去的，一直以來，施先生所有的回憶錄之中，都表示戴望舒一個人到北京去勘查創作的環境。

此行在上海圖書館裡查了幾天資料，當時上海圖書館影印價格高昂，於是幾天下來，非常刻苦的，我利用拍照、念稿錄音、抄寫和影印等各種方式，蒐集了與劉吶鷗直接相關的雜誌、文獻。

　　9月份，「1998台灣國際紀錄片雙年展」推出，在「台灣紀錄片回顧影片」部分，在台北華納威秀影城，播放了劉吶鷗的紀錄片作品〈持攝影機的男人：人間卷〉、〈持攝影機的男人：遊行卷〉，在同一場紀錄片放映會上，恰巧在入場處聽見黃仁老師進場前詢問工作人員有關劉吶鷗家屬是否還在台灣的問題，引起我的好奇與注意，於是在散場時，我上前與黃仁老師打招呼，並問到為何黃老師關心劉吶鷗的問題，這時，黃仁老師很親切的給了我一張名片，他告訴我，一直以來他非常關心劉吶鷗與電影界的關係，所以他蒐集了一些有關劉吶鷗的文獻資料，也歡迎我到他家裡去尋寶，黃仁老師的親切和鼓勵給了我很大的動力，記得我在黃老師家「挖寶」的時候，他十分肯定劉吶鷗在電影觀點與創作理念上的前衛，與黃老師的互動，更是啟發我繼續深究劉吶鷗在電影方面的成就。

　　值得欣慰的是，一直到2002年，北京大學李道新教授才在著作《中國電影批評史》中，重新肯定劉吶鷗在中國電影史上的貢獻與價值；2005年，酈蘇元所寫的《中國現代電影理論史》，更是以今日眼光來理解「軟性電影理論」的娛樂性與價值性，這麼多年來，每當這方面的文獻出現，黃仁老師必定在第一時間影印後寄給我分享。

　　在同一場放映會上，我在無意中發現，劉漢中教授竟然就坐在我前一排，同一場次恐怕也有劉家人吧！隱約聽到他們在指認紀錄片中的親人，不久，取得了和劉漢中教授聯絡的管道，又經過了一段蠻長

的時間，當我和康老師一起在劉教授家觀賞劉吶鷗的紀錄片時，劉教授告訴我們，他收藏了《永遠的微笑》劇本手稿，在文獻上，又是一大突破，也幾乎可以證實劉吶鷗在電影方面的成就和才華。

　　當然，這段期間，無論是見面，或是電話中的閒談，劉吶鷗的二女兒劉玉都女士也與我分享了他記憶中的父親，這當然也是我繼續探索劉吶鷗的一股助力，碩士畢業之後，一些劉家的老照片，也是透過玉都女士一一指認出來的，她對於父親的重視、景仰和懷念，也一直是我繼續「拼湊」劉吶鷗的動力。

　　事實上，回想起來，這一年其實是我獲得最多，也失去最多的一年，獲得的是諸多師長、好友在論文資料與研究方向上的協助與啟發，而失去最多的，不外乎是父親在五月底的驟然病逝，我彷彿感同身受了劉家人失去父親的感受，或者說是一種情緒與心靈上的理解，在哀傷與不捨之外，在送走父親之後，我決定用積極的行動力來證明自己，以及回報大家對我的照顧。

◆1999年：陳萬益老師、台南縣文化局、張炎憲老師、劉江懷先生、黃武忠老師

　　僥倖的是，碩士論文的主試委員陳萬益老師，在口試時給予我相當的鼓勵與肯定，於是考試結束之後，陳老師問到，是否可能為台南人劉吶鷗編輯一套全集。在口試當天，我唯一擁有且展示出來的，是一張劉吶鷗的掃瞄大頭照，這張照片是劉漢中教授翻拍之後交給我的，看來，要製作全集似乎有其困難度。

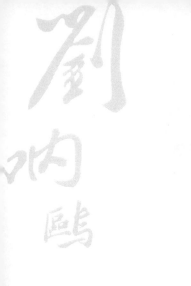

利用春假期間，劉教授安排了一趟柳營劉家古厝、關子嶺之旅，邀請陳萬益老師和師母、康老師與我，順道將劉吶鷗相關文獻資料轉交到台南縣文化局，評估出版全集的可能性，此行，劉教授和師母還親自帶我拜訪了新營的沈乃霖先生。期間除了葉佳雄局長，涂課長和國艷也幫了很多忙。

萬萬沒想到，碩士畢業後，建享在新營劉宅找到了十來本相簿，交由我整理，於是得以清查出與劉吶鷗有關的六十張照片，更意外的是，其中還包括女星李香蘭（山口淑子）的簽名照，以及她到新營與劉吶鷗家人與親族的合照。

碩士畢業之後的那一個學期，我一邊整理劉吶鷗的資料，一邊撰寫報考博士班的研究計畫，此外，每週二還還到中大歷史所旁聽張炎憲老師的「族群史」，在一次閒談中，得知張炎憲老師在東京曾與劉吶鷗長子劉江懷先生見過面，也才知道劉江懷先生曾以「劉吶明」為筆名，擔任台灣共和國政府機關報紙《台灣民報》主編。

1999年4月，攝於柳營劉家古厝「文魁」匾額前，由左到右分別是陳萬益老師、陳師母、劉師母、劉漢中教授、康來新老師、許秦蓁。

　　當然，照片出土了、取回日記原
件、拿到了劇本手稿，《劉吶鷗全集》
的出版又往前跨了一大步，為了取得
《劉吶鷗全集》的出版授權書，我終於
有機會親自拜訪劉江懷先生，也由於劉
先生的親切和信任，讓我能順利完成匯
集劉吶鷗書面資料的工作。

　　然而，在《劉吶鷗全集》預算案
送審之際，台灣經歷了前所未有的傷
害——九二一集集大地震，此時賑災預
算比什麼預算都重要，於是，《劉吶鷗
全集》的計畫也被擱置下來。在這一年
裡，我幸運的認識了黃武忠老師，甚至
收到老師寄來的一封信和《文學動念轉
不停》，在信中，黃老師告訴我，他曾
經非常關心日據時期前往大陸發展的台
灣作家，當時對於劉吶鷗所知有限，得
知我完成碩士論文，黃老師非常高興，
也很期待，鼓勵我應該打起精神來，繼
續為劉吶鷗這樣的台灣文人努力，其
實，當時我和黃老師並沒有見過面，對
於一個未曾謀面的碩士畢業生能如此提
攜與鼓勵，完完全全呈現了黃老師的和

1999年，黑龍江人民出版社、北方
人民出版社發行「海派作家作品精
選」——劉吶鷗《都市風景線》。

善待人與學者風範。之後過了兩年吧！《劉吶鷗全集》出版了，在一個學術會議場合，我才正式與黃老師會面，並親自向他道謝。

◆2000年—2003年，黃英哲老師、黃碧端老師、黃聲雄先生

在許多師長們默默的協助、在經費不多的情況之下，2001年3月，《劉吶鷗全集》（五集六冊）正式由台南縣文化局出版，尤其是黃英哲老師將他辛苦完成的日記日文翻譯交給我，他表示希望能順利出版，還交代不需要任何的報酬，要整理全集資料，在這麼短的時間內，若要完成日記裡的日文翻譯，將是一件浩大的工程，因此黃英哲老師不但幫了一個大忙，也展現了一位學者的氣度與涵養。

2001年4月14日，《劉吶鷗全集》新書發表會在台南縣文化局舉行，邀請了當時的台南藝術大學校長黃碧端教授、國史館張炎憲館長、康老師、陳萬

2001年3月，《劉吶鷗全集》由台南縣文化局出版，各集的序分別由：康來新老師（文學集）、李瑞騰老師（理論集）、黃仁老師（電影集）、彭小妍（日記集）、黃武忠老師（影像集）執筆。

益老師一同參與這個盛會，當然，劉漢中教授、劉師母出席了，劉玉都女士、建享也來到會場，即使劉江懷先生不克前來，但也表示了樂見其成之意。其實，有件事情一直放在我心上，那就是劉吶鷗另一名外孫黃聲雄先生，雖然至今未曾露面，卻在這次的活動中私下贊助了學者南北往來的交通津貼，讓本次活動在經費短缺的情況下，仍可順利完成。

《劉吶鷗全集》的出版，雖然只是踏出一小步，不過，也或多或少讓兩岸學界重新認識劉吶鷗這位特殊的作家。2002年，由國立文化資產保存研究中心籌備處所舉辦的「百年台灣文學No1特展」，即以「第一位對三〇年代上海文壇最有影響力的台灣作家」稱呼劉吶鷗，這表示劉吶鷗被寫進了一向缺頁的台灣文學史，值得欣喜的是，《劉

2001年4月14日於台南縣文化局舉辦《劉吶鷗全集》新書發表會，左起為陳萬益教授、康來新教授、葉秀英女士、葉先生、劉玉都女士、張炎憲教授、林建享先生、黃碧端教授、劉漢中教授、許秦蓁、劉師母。

2004年1月，由浙江文藝出版社推出的「世紀文存‧摩登文本」系列叢書中，包含陳子善編選的《都市風景線》，

2004年12月，劉吶鷗《都市風景線》由北京中國文聯出版社出版。

吶鷗全集》於2002年7月獲得台灣文獻館鼓勵出版文獻書刊的優等獎（國史館主辦），而2002年10月，更獲得了行政院新聞局人文類圖書出版的「金鼎獎」榮耀。

在就讀博士班階段期間（1999.9-2003.1），我個人所關心的研究方向有了一些轉向與調整，開始關心起更多有著上海經驗的台灣人，於是鎖定了以「台灣人的上海記憶」作為研究主題，博士班畢業時，除了康老師的信任之外，更是受到諸多口試委員，如李瑞騰老師、林文淇老師、許俊雅老師、呂正惠老師、梅家玲老師的指導與啟發。

◆2005年，三澤真美惠、藤井省三教授、Cutivet Sakina、國家文學館

4月中旬，我到東京青山學院的校史館查詢劉吶鷗的學籍資料，出發前透過黃仁老師，取得三澤真美惠的聯絡資料，很高興能聯絡上她，在初次的電話

交談中，她告訴我電影資料館的薛慧玲小姐是他在台灣留學期間最重要的貴人，透過薛慧玲小姐轉述我「追蹤」劉吶鷗日記的經驗，我們更是「一聊如故」。當然，此趟東京之行，我見到了三澤本人，也一同拜訪了東大的藤井省三教授，甚至走了一趟劉吶鷗日記裡的東京路線。

　　進入職場以來，陸陸續續還是出現一些與劉吶鷗相關的事物，以往所結下的善緣，也持續發酵中，由於法國里昂第三大學的利大英教授與康老師的結識，2005年5月，我認識了里昂三大的碩士生——法日混血的Cutivet Sakina，第一次見面時，透過中大法文系劉光能老師的法文翻譯，我們彼此交換劉吶鷗研究的心得，後來我們開始試著用英文溝通，甚至在我台北家中與她分享我未曾間斷的「劉吶鷗收集」，當時她的身份是淡江中文系的交換學生，只可惜找不到她想要的資源，我帶她到秦賢次老師家拍攝劉吶鷗資料原件，當她看到原件的時候，幾乎興奮的説不出話來。

Sakina的論文題目為：劉吶鷗（1905-1940）：現代主義變色龍（Liu Na'ou（1905 – 1940）：un caméléon aux couleurs du Modernisme），該論文於2005年6月完成。

一套存放在法國里昂第三大學圖書館的《劉吶鷗全集》，幾年之後換來了一本以法文書寫的碩士論文，這是令我們非常意外的，Sakina告訴我，她自己是法日的混血，所以她想要找一個跨文化的題目，劉吶鷗多元的洗禮和跨文化的思維正好符合她的研究方向，我個人最大的收穫是，在與Sakina的互動中，我思考了一些以往從來沒有想過的問題，比如Sakina非常關心劉吶鷗在不同狀況下使用不同語言與人交談，背後的國族意識為何，甚至是劉吶鷗定居在上海期間，用何種語言和小孩交談，這些問題是我從沒去思考的面向，更感動的是，在她寫完論文回到法國之後，還把「日記集」中所有的法文拼音和語譯錯誤一一更正，並把一疊厚厚的修正稿寄到台北給我。

9月份，巧的是，康老師挑上了中秋節那兩天，在台南國家文學館舉辦了「劉吶鷗國際研討會」，其實，4月份在選日子時，康老師只想挑個開學前的週末，完全沒想到正好遇上中秋節，不過很慶幸的是，這場研討會，不僅是劉家人的大團圓（在劉漢中教授印象中，曾見過父親在一本筆記上寫下「有月共賞」幾個字），也是學界的團圓美事，與會學者，從日本、法國、台北等各地前來，在編輯《劉吶鷗研討會論文集》時，除了當時發表的10篇論文之外，還收錄了張炎憲教授的專題演講內容、史書美教授的論文之外，還放入整場研討會的發言內容，作為劉吶鷗返鄉的完整記錄。《劉吶鷗國際研討會論文集》目錄如下：

◎專題演講／張炎憲
◎特別收錄／性別、種族與半殖民地性：劉吶鷗的上海都市風景

◎研究論文

文明開化：一個日式台籍文化人的典型／林正芳

劉吶鷗「新感覺派」的藝術追尋—文字與影像的魅惑／陳錦玉

經驗／驚豔上海——新感覺派的都市書寫／李黛顰

劉吶鷗的上海文藝歷程／秦賢次

中國電影技術理論的先驅—試論30年代劉吶鷗電影理論的貢
獻／黃仁

抗戰勃發後的劉吶鷗電影活動／三澤真美惠

Finding Neverland：劉吶鷗的多重跨越與顛覆／王韻如

一個女性美學的觀察：劉吶鷗《都市風景線》（1930）／曾
月卿

漫畫／話女性：劉吶鷗與郭建英的「上海新感覺派」／許秦蓁

持攝影機的台灣人：談劉吶鷗的「真實電影」／李道明

◆2006年－2007年，李道明老師、阿盛老師、陳益源老師、翁烔慶先生

2006年，在東京大學攻讀博士學位的三澤完成了她的博士論文，該論文主要以何非光和劉吶鷗作為她的研究主體，這也是第一本採日文撰寫，以劉吶鷗為研究主題的博士論文，9月份一開學，我收到了這本論文，一種感動交雜著感恩的心情同時浮現，突然想到2005年4月，三澤與我在東京街頭，就在即將分手的時刻，那段「歷史天使」總會在冥冥之中幫助我們的談話。

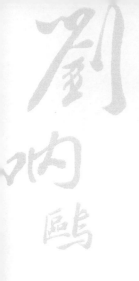

植民地期台湾人による映画活動の軌跡
――交渉と越境のポリティクス――

東京大学大学院総合文化研究科
三澤真美惠

三澤真美惠的博士論文題目為「植民
地期台湾人による映画活動の軌跡―
―交渉と越境のポリティクス」，東
京大學大學院綜合文化研究科（地域
文化研究專攻），2006年。

　　2006年底，接到蔡登山老師來
電，希望我能寫一本劉吶鷗傳記，經歷
了十年與劉吶鷗相關的人、事、物，雖
然時代久遠，但總覺得應該要留下一些
記錄，一直以來，我從來沒有針對劉吶
鷗研究的過程做任何的文字說明與記
錄，無法讓人知道在一個小小研究個案
的背後，需要多少貴人的相助與支持。

　　在過程中，「下筆」竟是如此的艱
難，劉吶鷗的一生雖然短暫、精彩，但
卻嚴重缺乏「事件」的描述，於是我花
了很長的一段時間重新翻閱所有與劉吶
鷗相關的資料、影像，所幸日文部分的
文獻，之前透過李道明老師的提供，手
邊有了〈上海人文記〉的影本，以及黃
天始的部分手稿資料，再加上歷年來我
從上海圖書館、東京青山學院裡所查找
而來的資料，包括：國民新聞的頭版、
辛報、青山學報……等，以及之前建享
搶救下來的老照片電子檔。

　　建享告訴我，他手邊還有後來幾年
在新營老家地上撿來的零星照片，問我

有沒有興趣來指認和整理，於是，幾張更泛黃且具有歷史意義的照片出現了，包括李香蘭（山口淑子）當時到劉吶鷗墳上鞠躬的照片一張，與劉吶鷗妻子、妹妹劉瓊瑛合照一張，以及李香蘭個人照一張。此外，還清理出一張劉吶鷗新營靈堂前的照片，上面放著親族劉明朝和妹婿葉廷珪的「祭奠水果籃」。

拍攝地點為劉家祖墳，前方磕頭者為李香蘭，背後為劉吶鷗之妻劉黃素貞。

在撰寫過程中，多虧有阿盛老師的指惑，有關新營的一些舊事和禮俗，透過請教阿盛老師而得到解答，包括「供物」轉成中文應如何解釋，阿盛老師也不厭其煩的告知。

9月10日，藤井省三教授來台，除了發表論文之外，還計畫會後到新營劉吶鷗墳上致敬，以及參訪國家文學館，可惜由於南部高速公路的建造工程，將劉家部分土地徵收，當年李香蘭所參訪的劉家祖墳已經遷至「路東」某處，劉漢中教授幾年前將劉吶鷗牌位移靈至關子嶺碧雲寺，因此，此行由劉教授安排，先到柳營劉家古厝參訪、拍照，再

左起為李香蘭、劉黃素貞、劉瓊瑛。

李香蘭劇照。

劉吶鷗新營靈堂，前方隱約可見「祭奠水果籃」屬名包括劉明哲、葉廷珪。

到關子嶺碧雲寺去祭拜劉吶鷗牌位，同行者包括：藤井省三教授及其女公子、紀平重成、久保田淳一、井上俊彥、劉教授、建享與我。

此外，經由成大中文系陳益源老師的協助，劉吶鷗之友翁博村的資料也透過義竹文史工作者翁烔慶先生的指正，得以做局部更正。

◆進入2008年，以及深深的致謝

2007年後半段，康老師因長期公務纏身導致身體微恙，我主動請老師不必幫我寫序，雖然少了康老師的序，是多麼的遺憾，但是不可否認的是，這麼長一段時間來，康老師給予我的已經這麼多、這麼多，我們之間的互動超越了師生，某種程度上可能更像家人一些，一路走來，康老師一直是在「第一時間」不厭其煩（甚至同樣「興奮」）的與我分享著與劉吶鷗有關的話題，很可能我們這十年來的手機通話紀錄，有一半

的時間在討論劉吶鷗，這麼說一點也不誇張。

　　要深深致謝的人實在太多，謝謝建享作為一個「持攝影機的導演」，如此富有深刻使命感的搶救所有資料並大方的與我分享，才足以完成《劉吶鷗全集》的浩大工程，也才能讓劉吶鷗留下記錄，謝謝劉家人的信任，謝謝與中大有關的人事物，謝謝一路上提供我資料且為我解惑的貴人，謝謝在這過程中，曾經伸出援手的貴人，最後，更要謝謝秀威資訊賴敬暉先生的包容，尤其是忍受我一再地拖延、拖延，真的謝謝。

　　　　　　許秦蓁2008年於台北

此行之參訪流程為：柳營劉家古厝→關子嶺碧雲寺劉吶鷗靈堂。該照片拍攝背景為劉啟祥舊居。

劉吶鷗年表（2007年7月修訂新版）

作家年份	年齡	劉吶鷗生平重要事蹟
1905年 （明治38年）	出生	• 9月22日出生於台灣台南州新營郡柳營庄（原查畝營），取名劉燦波。 • 父親劉永耀屬柳營劉家第九世，母親陳恨為台南縣東山鄉人，柳營劉家為當地望族，擁有六百餘甲田地。 • 筆名包括：吶吶鷗、莫美、葛莫美、夢舟、洛生、白璧等。
1907年 （明治40年）	2歲	• 3月13日，妹劉瓊瑛出生。
1908年 （明治41年）	3歲	• 父劉永耀舉家遷居新營，興建明治時期仿文藝復興八角樓，當地人該洋樓為稱「耀舍娘宅」。
1909年 （明治42年）	4歲	• 4月18日，弟劉櫻津出生。
1911年 （明治44年）	6歲	• 8月23日，妹劉瓊簫出生。
1912年 （大正元年）	7歲	• 入台南鹽水港公學校（台南鹽水國小前身）。
1914年 （大正3年）	9歲	• 11月20日，妹劉瓊簫去世。
1917年 （大正6年）	12歲	• 父劉永耀去世。
1918年 （大正7年）	13歲	• 自鹽水港公學校畢業，入學台南長老教中學校（後改名為長榮中學）。
1920年 （大正9年）	15歲	• 4月，由台南長老教中學校兩年修了，轉入日本東京青山學院中等學部三年級，學籍資料上記載的「退學理由」為「內地轉出」，「內地」指的是日本。
1922年 （大正11年）	17歲	• 10月16日，與表姊黃素貞結婚，黃素貞為嘉義水上鄉柳仔林人，其母陳艮和劉吶鷗母親陳恨是排行第三、第六的親姊妹。

1923年 （大正12年）	18歲	▪ 4月，從日本青山學院中等學部畢業，入青山學院高等部文科「英文專攻」繼續就讀，根據青山學院「高等學部生徒學籍錄」，所住地址原為「市內赤阪區青山高樹町二〇原方」，後改為「千谷隱田四〇」。 ▪ 9月1日上午11時58分發生「關東大地震」，地震規模高達芮氏7.6級，震央位於相模灣的伊豆大島，屬於上下垂直型的地震。影響範圍包括了東京都、神奈川縣、千葉縣以及靜岡縣，又稱為東京大地震。發生關東大地震，死亡人數約14萬2千8百人（官方統計死亡人數約105,385人），青山學院校舍毀壞，被迫停課。
1924 （大正13年）	19歲	▪ 1月13日，妹劉瓊瑛與台南東區開山里人葉廷珪結婚。葉廷珪曾赴日本就讀明治大學法學部、研究部，光復後曾三次當選台南市長。
1925 （大正14年）	19歲	▪ 就讀於東京青山學院，此段時間其妻黃素貞應與劉吶鷗同住於東京。
1926年 （大正15年） （昭和元年： 12月26日起）	21歲	▪ 3月13日，自青山學院高等學部畢業。根據《青山學報》（The Aoyama Gakuho）第42號（大正15年3月27日發行）第3頁記載：1926年3月13日，該校舉辦中等學部與高等學部的畢業典禮，劉吶鷗為當年高等學部文科「英文學專攻」畢業生之一，該班共有16名畢業生，同窗名錄之排列順序如下：「平尾郁次、井上龍友、金子真三郎、加藤平治、加藤義雄、勝俣英逸、小杉平三郎、小山敬吾、松坂康、大脇禮三、劉燦波、鈴木誠一、田中敏德、浦野辰雄、渡邊藤作、吉村鎮雄」。 ▪ 長女劉柏萃於5月20日出生，7月2日死亡。 ▪ 自青山學院文科畢業後，赴上海插班讀震旦大學法文特別班就讀（時間不確定）。 ▪ 9月份起，與福建人丘瑞曲同住於霞飛路王慶昌西服店內。
1927年 （昭和2年）	22歲	▪ 1月4日，到施蟄存等人天文台路上的住處，「談談書社及旬刊到十一點才回來」，1月18日，戴望舒和施蟄存來探訪劉吶鷗，繼續談旬刊的事情，1月19日，劉吶鷗飯後到天文台路去找施蟄存等人，討論之後決定將同仁雜誌取名《近代心》。 ▪ 1月21日，搬家至蒲柏路吳興里。

1927年 （昭和2年）	22歲	<ul><li>台灣友人蔡愛禮、蔡蕙馨替劉吶鷗取了筆名「吶吶鷗」，因此4月8日印了屬名「吶吶鷗」的個人名片。</li><li>4月12日，國共合作破裂，發生四一二政變。劉吶鷗亦因祖母病危趕回台灣，回程路線為：上海搭船→4月13日抵長崎→4月17日在基隆港上岸→4月18日抵達新營，當時祖母已過世。</li><li>5月20日，劉吶鷗動身前往日本，5月26日抵達東京，居留於東京洗足一帶，妹劉瓊瑛與妹婿葉廷珪亦旅居於東京，葉廷珪當時就讀日本明治大學法部。</li><li>6月1日，到東京「雅典娜・法蘭西學院」高等科，修習法文與拉丁文。</li><li>6月7日，出席「長中」（即長老教中學校）校友會東京支部，6月21日收到長中校友會起會式的紀念照。</li><li>6月28日，寫信回台南給母親「談暑假去中國的事」，7月12日接到母親回信，允許他可以不回台灣，因此決定直接到上海。</li><li>9月8日，搭船經由神戶、長崎，9月10日抵達上海，暫居東亞旅館，並寫信到松江聯繫施蟄存。</li><li>9月12日，搬到上海余慶坊177號陳先生住處，陳先生指的是陳清金。</li><li>9月13日，印了新名片。</li><li>9月15日，收到施蟄存回信，得知施蟄存已決定在松江當中學教員。</li><li>9月18日，經由施蟄存的介紹，認識文友葉秋原。</li><li>9月28日，與戴望舒一起自上海出發前往北京，搭太沽「阜生」號前往威海衛，10月2日抵達北京，參觀中法堂、隆福寺、北海公園、雍和宮、中央公園、琉璃廠、故宮等。在北京期間也去旁聽中法大的法文和拉丁文課。在北京期間，劉吶鷗認識了馮雪峰、丁玲及胡也頻，其中孫春霆（曉村）、在法文特別班時便已經是同學。</li><li>12月3日與戴望舒搭九點一刻的「津浦線」由北京返上海，馮雪峰、孫春霆來送行。12月4日「膠濟線」車抵達青島，12月5日搭船前往上海，12月6日抵達上海。</li><li>12月6日下午五點多抵達上海，先到林澄水家，之後到黃陸路祥雲里29號黃朝琴家，晚上和黃朝琴與郭建英到Lodge舞廳跳舞。</li></ul>

1928年 （昭和3年）	23歲	• 次女劉頻娿出生。 • 「水沫社」成立，成員包括：劉吶鷗、施蟄存、戴望舒、杜衡、馮雪峰、姚蓬子、徐霞村、孫春霆、黃嘉謨、郭建英等。 • 與施蟄存等人於上海創辦「第一線書店」，劉吶鷗為書店負責人兼會計，書店位於上海北四川路寶興路142號，9月10日出版發行《無軌列車》半月刊第一期，出刊至12月25日第八期時，因書店被查封而停刊。編輯群包括：劉吶鷗、戴望舒、施蟄存。 • 9月，以筆名「吶吶鷗」翻譯的日本小說集《色情文化》由上海第一線書店出版，收錄翻譯小說包括：片岡鐵兵〈色情文化〉、橫光利一〈七樓的運動〉、池谷信三郎〈橋〉、中河與一〈孫逸仙的朋友〉、林房雄、〈黑田酒郎氏的愛國心〉、川崎長太郎〈以後的女人〉、小川未明〈描在青空〉。 • 9月10日，小說〈遊戲〉發表於《無軌列車》創刊號。 • 9月25日，小說〈風景〉發表於《無軌列車》第二期。 • 10月25日，發表譯作〈保爾·穆杭論〉（原作者：B. Cremieux），發表電影評論「影戲漫想」（筆名葛莫美、夢舟），發表藝文訊息〈列車餐室〉（二則）於《無軌列車》第四期。 • 11月10日，發表譯作〈生活騰貴〉（原作者：Pierre Valdagne），發表電影評論「影戲漫想」（筆名葛莫美），發表〈影戲漫想（關於電影演員）〉於《無軌列車》第五期。 • 11月25日，發表〈關於電影演員〉「影戲漫想」專欄（筆名夢舟），於《無軌列車》第六期。 • 12月10日，發表譯作〈一個經驗〉（原作者：片岡鐵兵），於《無軌列車》第七期。 • 12月10日，發表小說〈流〉，於《無軌列車》第七期。
1929年 （昭和4年）	24歲	• 妻黃素貞移居至上海。 • 1月，於《人間》雜誌創刊號上發表日文翻譯小說〈我的朋友〉。 • 5月15日，發表譯作〈歐洲新文學底路〉（匈牙利，碼差原作）於《引擎》月刊創刊號，該刊物由左翼作家主持。 • 在上海與施蟄存等人創辦「水沫書店」，劉吶鷗為負責人，門市部位於四馬路望平街東，雜誌部位於北四川路公益坊1734號，前半年由劉吶鷗與戴望舒擔任編輯，暑假過後，施蟄存自杭州返回上海，與杜衡一起加入編輯群。

1929年 （昭和4年）	24歲	▪ 9月15日，水沫書店雜誌部發行《新文藝》月刊創刊號，每月十五日發行，至到第二卷第二號（1930年4月15日）廢刊，第一卷出六期，編者署名「新文藝月刊社」，第二卷出兩期，改署名為「現代文化社」，編輯群包括：劉吶鷗、施蟄存、戴望舒、徐霞村、孫春霆，由施蟄存主編。 ▪ 9月15日，小說〈禮儀和衛生〉發表於《新文藝》創刊號。 ▪ 10月，劉吶鷗攜妻子黃素貞至松江參加施蟄存婚禮，參加此婚禮之藝文人士，還包括：馮雪峰、戴望舒、杜衡、沈從文、胡也頻、丁玲、姚蓬子、葉聖陶、徐霞村等人。 ▪ 10月15日，小說〈殘留〉發表於《新文藝》第一卷第二號。 ▪ 12月1日，小說〈熱情之骨〉發表於徐霞村主編的《鎔爐》月刊創刊號，上海復旦書店發行，該雜誌僅出一期。 ▪ 12月15日，小說〈方程式〉發表於《新文藝》第一卷第四號。 ▪ 12月15日，譯作〈新藝術形式的探求〉（筆名葛莫美），原著藏原惟人、〈掘口大學詩抄〉發表於《新文藝》第一卷第四號。
1930年 （昭和5年）	25歲	▪ 長子劉江懷出生。 ▪ 2月，孫曉村進入水沫書店，加入編輯群行列。 ▪ 3月15日，譯作〈藝術之社會的意義〉發表於《新文藝》第二卷第一號。 ▪ 4月15日，譯作〈藝術風格之社會學的實際〉、〈國際無產階級不要忘掉自己的詩人〉、〈革命文學國際委員會關于馬雅珂夫斯基之死的宣言〉、〈關於馬雅珂夫斯基之死的幾行記錄〉、〈論馬雅珂夫斯基〉、〈詩人與階級〉發表於《新文藝》第二卷第二號。 ▪ 4月，小說集《都市風景線》由上海水沫書店出版。 ▪ 7月，譯作〈俄法的影戲理論〉發表於《電影》第一期（再版）。（完成於1930年1月16日） ▪ 10月，譯作《藝術社會學》（原著：俄・弗里契）由水沫書店出版。
1931年 （昭和6年）	26歲	▪ 次子劉航詩出生。 ▪ 遷居法租界並接觸電影業。
1932年 （昭和7年）	27歲	▪ 「藝聯影業公司」（簡稱藝聯）由黃天始與黃漪磋合組，至廣西實地拍攝「猺山艷史」，劉吶鷗亦參與此行，該片由楊小仲導演，黃漪磋編劇，演員包括：許曼麗、游觀仁、孔繡雲。

1932年 （昭和7年）	27歲	• 1月28日，爆發松滬戰爭，水沫書店亦毀於一二八戰火，劉吶鷗暫時遠去日本，可能去了幾個月。 • 3月，施蟄存應張靜廬之邀，為現代書局籌編一個大型文藝刊物，施蟄存致函邀戴望舒返滬共事，5月1日《現代》創刊，戴望舒為主要撰稿人。 • 7月1日至10月8日止，評論〈影片藝術論〉連載於《電影周報》。 • 8月1日，發表翻譯〈日本新詩人詩抄〉於《現代》第一卷第四期 • 10月8日，戴望舒計畫前往法國，與施蟄存等人一同至碼頭送行。 • 11月，發表小說〈赤道下：給已在赴法途中的詩人戴望舒〉於《現代》第二卷第一期（完成於1932年10月17日）。
1933年 （昭和8年）	28歲	• 於上海北京路六十四號創辦「現代電影雜誌社」。 • 3月1日，《現代電影》（Modern Screen）創刊號出版，編輯群包括劉吶鷗、黃嘉謨、陳炳洪、吳雲夢、黃天始、宗惟賡六人。 • 4月1日，發表評論〈Ecranesque〉於《現代電影》第一卷第二期。 • 5月1日，發表評論〈中國電影描寫的深度問題〉、〈歐洲名片解說〉於《現代電影》第一卷第三期。 • 7月1日，發表評論〈論取材：我們需要純粹電影作者〉於《現代電影》第一卷第四期（完成於1933年4月26日）。 • 9月1日，「藝聯」作品「猺山艷史」於上海新光戲院開映。 • 10月1日，發表評論〈關於作者的問題〉於《現代電影》第一卷第五期。 • 10月1日，「藝聯」於《現代電影》第一卷第五期打出「藝聯三部曲：黑將軍、猺山艷史、桂遊半月」將於「首都大戲院」放映的廣告。 • 10月1日，翻譯小說〈復瞳〉（原作者：日·齋藤杜口）發表於《矛盾》革新號二卷二期。劉吶鷗擔任「矛盾叢輯」主編，《矛盾》月刊的廣告上，刊有《劉吶鷗小說集》出版預告（但該書並未出版）。 • 三女劉玉都出生。 • 11月1日，劉吶鷗電影評論〈評春蠶〉一文發表於《矛盾》月刊第二卷第三期。

1933年 （昭和8年）	28歲	▪ 12月1日，發表評論〈電影節奏簡論〉於《現代電影》第一卷第六期。 ▪ 12月1日，《現代電影》第一卷第六期「編輯室」專欄：「在這中國電影界生氣蓬勃的年頭，每個有志於電影事業的人都有著『躍躍欲試』的興趣。而在這高潮中，竟把本刊的兩位編者也捲入漩渦去了。在本期付印之時，劉吶鷗、黃嘉謨已經動身到廣州去，率領著藝聯影公司滬粵二地的男女演員拍攝一部『民族兒女』的新片。這片係由藝聯黃漪磋和『聯合電影公司』合作拍攝，導演編劇的工作，將由劉、黃二君負責合作。我們希望他倆能有相當的成效。」因此可知7月至10月，劉吶鷗先往返於閩滬之間，11月又與黃嘉謨動身至廣州，率領「藝聯」影業公司滬粵二地的男女演員拍攝新片「民族兒女」，編導工作由二人負責，此片為「藝聯」黃漪磋和聯合電影公司（英籍廣東人羅學典所創辦）合作拍攝之作品，劉吶鷗與黃嘉謨合力負責編劇及導演工作，但此片最後未上映。 ▪ 12月1日，《現代電影》第一卷第六期，簡介藝聯影業兩新作：「黑將軍」、「桂遊半月」，並介紹藝聯公司最新發現的寶藏「民族女兒：李玉真」。
1934年 （昭和9年）	29歲	▪ 妻黃素貞攜子女（僅劉航詩、劉玉都）至上海定居。 ▪ 5月，電影評論〈電影形式美的探求〉發表於《萬象》月刊創刊號。 ▪ 6月1日，發表劇本〈A Lady to Keep You Company〉於《文藝風景》創刊號。 ▪ 6月8日，發表〈現代表情美造型〉於《婦人畫報》第十八期。 ▪ 6月15日，發表〈開麥拉機構──位置角度機能論〉、〈作品狂想錄〉於《現代電影》第一卷第七期 ▪ 10月10日，發表評論〈銀幕上的景色與詩料〉於《文藝畫報》第一卷第一期。 ▪ 10月25日，發表小說〈綿被〉於《婦人畫報》第二十三期。 ▪ 11月1日，發表翻譯〈青色睡衣的故事〉（原作：日本‧舟橋聖一）於《現代》第六卷第一期。 ▪ 12月15日，發表小說〈殺人未遂〉於《文藝畫報》第一卷第二期（作品完成於1933年11月4日，此為劉吶鷗生平所寫的最後一篇小說）。

1935年 （昭和10年）	30歲	▪ 當時已有一群文友住在劉吶鷗上海江灣路公園坊的產業裡，當時住在此處的文人，包括：葉靈鳳（及其妻子趙克臻）、穆時英（一家人）、杜衡、高明、楊邨人等，是年夏天，戴望舒自法國返回上海，亦住進上海江灣公園坊。 ▪ 2月15日，《六藝》文藝月刊創刊，由高明、姚蘇鳳、葉靈鳳、穆時英、劉吶鷗合編，姚蘇鳳任發行人，共出了三期，發行者「六藝社」的社址則是劉吶鷗自宅：上海江灣路公園坊20號。 ▪ 2月15日，翻譯劇本〈墨西哥萬歲〉（原作者：愛森斯坦）刊登於《六藝》創刊號到、第二期（3月15日）、第三期（4月15日），但劇本未完，《六藝》已經於第三期時停刊。 ▪ 5月起，劉吶鷗翻譯電影理論家「安海姆」原著《藝術電影論》於姚蘇鳳主編、穆時英助編的《晨報‧每日電影》，連載約三個月。 ▪ 8月25日，發表〈導演踐踏了中國電影〉於《婦人畫報》「電影特大號：中國電影當面的諸問題」專輯。 ▪ 8月25日，由劉吶鷗、葉靈鳳、穆時英、高明、姚蘇鳳五人共同參與的〈《自由神》座談〉，亦刊載於《晨報‧每日電影》上。 ▪ 10月10日，譯作〈西條八十詩抄〉發表於戴望舒主編《現代詩風》（此為創刊號，也是終刊號）。 ▪ 11月23日，女星胡蝶與潘有聲於上海結婚，禮堂設於九江路江西路口，席設南京路英華街大禮拜堂，上午十一時舉行結婚典禮，下午七時東酒樓設宴。劉吶鷗、黃天始與程步高、徐欣夫、李萍倩、吳村、沈西苓、鄭小秋、歐陽予倩等編劇導演群，合送「蝴蝶標本」及「金魚」做為胡蝶結婚賀禮，黎民偉之子黎鏗為男花童。（〈明星日志〉，載於《明星半月刊》第3卷第5期，1935年12月16日出版。） ▪ 與黃天始等人進入明星公司編劇科，完成劇本《永遠的微笑》，該片是根據俄國托爾斯泰的名著《復活》改編而成的，由吳村導演，董克毅負責攝影，劉吶鷗為編劇，演員包括：胡蝶、龔稼農、徐莘園、龔秋霞等，為黑白劇情片。
1936年 （昭和11年）	31歲	▪ 四女劉玉城出生於江灣路公園坊20號。 ▪ 1936年6月，戴望舒與穆時英之妹穆麗娟結婚。

1936年 （昭和11年）	31歲	• 6月，劉吶鷗在黃天始、黃天佐兄弟推薦並保證下進入「中央電影攝影場」（簡稱中電），「中電」隸屬國民黨中央宣傳部底下的「電影事業處」。劉吶鷗同樣也擔任國民黨「中央電影檢查委員會」委員，負責電影上映前的審查工作。劉吶鷗進入「中電」的主要工作為拍攝張道藩原著《密電碼》，該片掛名為黃天佐導演，實際上劉吶鷗也參與編寫分幕劇本與聯合導演，張道藩掛名編劇，攝影洪偉烈，主要演員包括：黎鏗、李英、朱麗葉、高占非、尚冠武等人。 • 8月，劉吶鷗舉家遷往南京，赴南京「中央電影攝影場」擔任「電影編導委員會」主任及編劇組組長。 • 《永遠的微笑》開拍時，劉吶鷗已離開明星公司，進入「藝華影片公司」編導影片《初戀》，《初戀》由劉吶鷗導演、編劇，姚士泉攝影，演員包括：張翠紅、關宏達、李紅、徐蘇靈，為黑白劇情片，該片主題曲〈初戀女〉由戴望舒填詞，陳歌辛譜曲，由王人美演唱。
1937年 （昭和12年）	32歲	• 1月，電影《永遠的微笑》（明星公司出品，吳村導演）於新中央、中央、新光三家戲院同時上映，創下二十五年度最高票房紀錄。 • 2月，《密電碼》（中電）完成，4月中旬於上海大光明戲院首映，新光戲院二輪放映。 • 8月9日，辭去「中電」電影編導委員會主任及編劇組組長一職，自南京啟程回到上海。 • 為「中央電影事業處」擬定「國家非常時期電影事業計畫」。 • 影片《初戀》上映。（另一說法是1938年4月份首映）
1938年 （昭和13年）	33歲	• 三子劉漢中出生於靜安寺路安樂坊76號。 • 1月29日，參加在武漢舉辦的「中華全國電影界抗敵協會」，並成為該會理事之一（共71位理事）。 • 劉吶鷗與日本「東寶映畫株式會社」合作，以沈天蔭為名（沈原先經營「友聯影片公司」），由「東寶」出資六萬日元，創立上海「光明影業公司」，由劉吶鷗和黃天始等人策劃，到1940年夏，利用「藝華」公司片場，前後拍了下列四部影片：「茶花女」、「王氏四俠」、「薄命花」、「大地的女兒」，導演以李萍倩、王次龍為先趨，演員則召集了袁美雲、劉瓊、英茵、尚冠武、李英、關宏達等人。

1938年 （昭和13年）	33歲	◎附註： (1) 茶花女：李萍倩編導，姚士泉攝影，袁美雲、劉瓊、英茵、王次龍、關宏達、尚冠武、李英等合演。（1938年拍成、同年上映） (2) 王氏四俠：王次龍編導，姚士泉攝影，張翠紅、王引、李英、王乃東、王次龍、尚冠武、關宏達、余琳等合演。（1938年拍成、同年上映） (3) 薄命花：李英編導，顧蘭君、李英、尤光照、屠光啟等合演。（1940年拍成、1940年1月1日上映） (4) 大地的女兒：劉吶鷗編劇，李萍倩編導演，江文也配樂，黎明暉、李英主演。（1940年拍成，劉吶鷗根據美國女作家賽珍珠的名著《母親》改編，但沒有上映） ▪ 協助「中日」合併電影公司，負責召集留在「孤島」上海的電影界人士，包括金焰、黃天佐等人。
1939年 （昭和14年）	34歲	▪ 6月27日，由「滿映」出面，聯合日本「東寶映畫株式會社」、南京維新政府共同投資，在南京創辦「中華電影股份有限公司」（簡稱「中影」），此為日本佔領軍控制下的一個電影製片、發行、放映的機構，總公司設在上海江西路170號「漢彌爾登大廈」，在南京、廣州、漢口、東京均設有分公司。 ▪ 6月，劉吶鷗與松崎啟次、黃天始、黃天佐兄弟一起迎接川喜多長政來到上海，與黃氏兄弟一起加入「中影」，「中影」董事長褚民誼是維新政府外交部長，副董事長川喜多長政，總經理石川俊重，松崎啟次任製片部長，劉吶鷗任製片部次長。中方代表則由黃天始負責營業；黃天佐負責製作。
1940年 （昭和15年）	35歲	▪ 妻黃素貞，偕子女劉航詩、劉玉都、劉玉城及劉漢中住在上海定盤路156弄5號。 ▪ 3月22日，南京汪政府各院部人選名單已出爐。3月23日，《國民新聞》刊登「國民政府新任各院部長名單」，包括：主席林森（汪精衛代）、行政院長汪精衛、宣傳部長林伯生、宣傳部政次胡蘭成，常次孔憲鏗，穆時英任宣傳部新聞宣傳處長，兼駐滬特派員，主持《國民新聞》（3月22日創刊於上海租界）。

1940年 （昭和15年）	35歲	▪ 4月份，日本作家菊池寬赴上海，劉吶鷗開著私家轎車迎接其到來，並於當晚招待菊池寬，為他接風（根據菊池寬《昭和十五年・話の屑籠》。 ▪ 6月，劉吶鷗資助李香蘭主演的〈支那の夜〉（在上海以〈上海之夜〉為名上映，戰後改名為〈蘇州夜曲〉），該片由「東宝映画（東京撮影所）」、「中華電影公司」合作製作，〈支那の夜〉（75分）前篇於6月5日上映，〈支那の夜〉（53分）後篇於6月15日上映。 ▪ 6月28日，穆時英離開國民新聞社，於下午六時四十分左右，乘坐人力車欲赴南京路，經三馬路福建路（福建路195弄）附近遭開槍行刺，送至麥家圈仁濟醫院後不治身亡。 ▪ 7月1日，下午二時，穆時英於上海大西路白宮殯儀館舉行大殮，並舉行公祭典禮。 ▪ 8月初，經由胡蘭成（另一說法是林柏生）推介，劉吶鷗接任「國民新聞社」社長職位。 ▪ 9月1日，劉吶鷗在松崎啟次家遇見台灣作曲家江文也，相談至深夜。 ▪ 9月2日，《國民新聞》刊登〈中國國民黨和平運動殉難同志追悼大會專刊〉，汪精衛（汪兆銘）於第二版「綜合版」發表〈和平運動殉難同志追悼大會獻辭〉。 ▪ 9月3日，下午約二時十分左右，劉吶鷗於公共租界（福州路平望街口）福州路623號「京華酒家」遭狙擊，送往仁濟醫院途中不治身亡。 ▪ 9月4日，《國民新聞》文藝版〈六藝〉（第三版），於空白專欄僅寫「本版沈痛紀念文化界導師劉吶鷗先生」。 ▪ 9月6日，劉吶鷗母親陳恨抵滬辦理劉吶鷗後事。 ▪ 9月9日下午三時，於膠州路207號上海萬國殯儀館舉行公祭典禮。 ▪ 11月7日，日本東京青山學院之《青山學報》第67號第9版，刊出劉吶鷗於上海被狙擊逝世之消息。

世紀映像叢書

1. 百年記憶－中國近現代文人心靈的探尋
   蔡登山・著

2. 青山有史－台灣史人物新論
   謝金蓉・著

3. 雪泥鴻爪－近代史工作者的回憶
   陶英惠・著

4. 大師的零玉－陳寅恪，胡適和林語堂的一些瑰寶遺珍
   劉廣定・著

5. 玫瑰，在她如此盛開的時候－探索女性文學的綺麗世界
   朱嘉雯・著

6. 錢鍾書與書的世界
   林耀椿・著

7. 徐志摩與劍橋大學
   劉洪濤・著

8. 魯迅愛過的人
   蔡登山・著

世紀映像叢書

9. 數風流人物－梁啟超、徐志摩、陳獨秀、雷震
   吳銘能・著

10. 文學風華－戰後初期13著名女作家
    應鳳凰・著

11. 李長之和他的朋友們
    于天池、李書・合著

12. 丁文江圖傳
    宋廣波・著

13. 走過的歲月－一個治史者的心路歷程
    陳三井・著

14. 一代漂泊文人
    姚錫佩・著

15. 另眼看作家
    蔡登山・著

16. 情多處處有戲－賈馨園談戲曲
    賈馨園・著

世紀映像叢書

17. 跨界劇場・人
    林乃文・著

18. 青史留痕－一個台灣學者的大陸之旅
    陳三井・著

19. 林黛玉的異想世界－紅樓夢論集
    朱嘉雯・著

20. 打開塵封的書箱－新文學版本雜話
    朱金順・著

21. 狂飆的年代－近代台灣社會菁英群像
    林柏維・著

22. 典型在夙昔－追懷中央研究院六位已故院長（上）
    陶英惠・著

23. 典型在夙昔－追懷中央研究院六位已故院長（下）
    陶英惠・著

24. 摩登・上海・新感覺－劉吶鷗
    許秦蓁・著

世紀映像叢書

25. 張靜江、張石銘家族（上）
　　張南琛、宋路霞·著

26. 張靜江、張石銘家族（下）
　　張南琛、宋路霞·著

27. 何故亂翻書－謝泳閱讀筆記
　　謝泳·著

28. 北大教授－政學兩界的人和事
　　張耀杰·著

29. 素描－中國現當代作家印象
　　陳子善·著

30. 魯迅與周作人
　　張耀杰·著

31. 精神的流浪－丁東自述
　　丁東·著

32. 人文肖像－在朝內166號與前輩魂靈相遇
　　王培元·著

世紀映像叢書

33. 法蘭西驚艷
    陳三井・著

34. 河流裡的月印－郭松棻與李渝小說總論
    黃啟峰・著

35. 上海灘名門閨秀
    宋路霞・著

36. 現代文壇繽紛錄（一）－作家剪影
    秦賢次・著

國家圖書館出版品預行編目

摩登・上海・新感覺－劉吶鷗（1905-1940）/許秦
蓁著. --一版. --臺北市：秀威資訊科技, 2008.2
    面； 公分. --（史地傳記；PC0034）

ISBN 978-986-6732-33-1（平裝）

1.劉吶鷗　2.台灣傳記

783.3886   96021018

史地傳記　PC0034

摩登・上海・新感覺——劉吶鷗（1905-1940）

作　　者／許秦蓁
主　　編／蔡登山
發 行 人／宋政坤
執行編輯／賴敬暉
圖文排版／陳湘陵
封面設計／莊芯媚
數位轉譯／徐真玉、沈裕閔
圖書銷售／林怡君
法律顧問／毛國樑　律師
出版印製／秀威資訊科技股份有限公司
　　　　　台北市內湖區瑞光路583巷25號1樓
　　　　　電話：02-2657-9211　傳真：02-2657-9106
　　　　　E-mail：service@showwe.com.tw
經 銷 商／紅螞蟻圖書有限公司
　　　　　台北市內湖區舊宗路二段121巷28、32號4樓
　　　　　電話：02-2795-3656　傳真：02-2795-4100
　　　　　http://www.e-redant.com

2008 年 2 月　BOD 二版
定價：230 元

讀 者 回 函 卡

感謝您購買本書，為提升服務品質，煩請填寫以下問卷，收到您的寶貴意見後，我們會仔細收藏記錄並回贈紀念品，謝謝！

1. 您購買的書名：＿＿＿＿＿＿＿＿＿＿＿＿＿＿＿＿＿

2. 您從何得知本書的消息？

　　□網路書店　□部落格　□資料庫搜尋　□書訊　□電子報　□書店

　　□平面媒體　□ 朋友推薦　□網站推薦　□其他＿＿＿＿＿＿

3. 您對本書的評價：(請填代號　1.非常滿意 2.滿意 3.尚可 4.再改進)

　　封面設計＿＿＿　版面編排＿＿＿　內容＿＿＿　文/譯筆＿＿＿　價格＿＿＿

4. 讀完書後您覺得：

　　□很有收獲　□有收獲　□收獲不多　□沒收獲

5. 您會推薦本書給朋友嗎？

　　□會　□不會，為什麼？＿＿＿＿＿＿＿＿＿＿＿＿＿＿＿＿＿

6. 其他寶貴的意見：＿＿＿＿＿＿＿＿＿＿＿＿＿＿＿＿＿＿

　　＿＿＿＿＿＿＿＿＿＿＿＿＿＿＿＿＿＿＿＿＿＿＿＿＿

　　＿＿＿＿＿＿＿＿＿＿＿＿＿＿＿＿＿＿＿＿＿＿＿＿＿

　　＿＿＿＿＿＿＿＿＿＿＿＿＿＿＿＿＿＿＿＿＿＿＿＿＿

讀者基本資料

姓名：＿＿＿＿＿＿＿＿＿　年齡：＿＿＿＿　性別：□女 □男

聯絡電話：＿＿＿＿＿＿＿＿　E-mail：＿＿＿＿＿＿＿＿＿＿

地址：＿＿＿＿＿＿＿＿＿＿＿＿＿＿＿＿＿＿＿＿＿＿＿＿

學歷：□高中(含)以下　　□高中　　□專科學校　　□大學

　　　□研究所(含)以上 □其他＿＿＿＿＿＿＿＿

職業：□製造業 □金融業 □資訊業 □軍警 □傳播業 □自由業

　　　□服務業 □公務員 □教職　□學生 □其他＿＿＿＿＿＿

秀威與 BOD

BOD（Books On Demand）是數位出版的大趨勢，秀威資訊率先運用 POD 數位印刷設備來生產書籍，並提供作者全程數位出版服務，致使書籍產銷零庫存，知識傳承不絕版，目前已開闢以下書系：

一、BOD 學術著作—專業論述的閱讀延伸
二、BOD 個人著作—分享生命的心路歷程
三、BOD 旅遊著作—個人深度旅遊文學創作
四、BOD 大陸學者—大陸專業學者學術出版
五、POD 獨家經銷—數位產製的代發行書籍

BOD 秀威網路書店：www.showwe.com.tw
政府出版品網路書店：www.govbooks.com.tw

　　永不絕版的故事・自己寫・永不休止的音符・自己唱